比較幸福学の基本論点

偉人たちの「幸福論」を学ぶ

黒川白雲

まえがき

人類の歴史は、「真なる幸福」を探し求めてきた歴史でもあります。ソクラテス、釈尊、キリスト、孔子、ムハンマド、ヒルティ、アラン――こうした古今東西の偉大な宗教家、哲学者、思想家たちは、人類の精神史に遺《のこ》る「幸福論」を説いてきました。しかしながら、諸聖賢の説く「幸福論」は現代に明確に伝わっていなかったり、誤謬《ごびゅう》を帯びて伝わるなど、時の移ろいの中で、その真意が見失われつつあります。

大川隆法・幸福の科学グループ創始者兼総裁は「霊言《れいげん》」という宗教的アプローチを通じて、こうした諸聖賢の「幸福論」を現代に鮮やかに甦《よみがえ》らせています（「幸福論」シリーズ、注）。「霊言」とは、大川総裁の声帯を通じて、あの世の霊存在の言葉を語り下ろす現象です。「霊言」を通じて、諸聖賢が「幸福論」の真意を述べるとともに、現代社会に即した幸福論にまで言及していることが「幸福論」シリーズの特徴です。

さまざまな思想家の「幸福論」を比較研究する試みは、これまでも幾度かありました。しかし、古今の聖賢が〝霊言〟として語った「幸福論」の内容を、学問的に諸文献に照合しつつ、学問的に「真なる幸福」に接近する本書の試みは、極めて珍しいものだと言えましょう。

「霊言」による幸福論の比較研究というスタイルに違和感を持たれる方もいらっしゃるかもしれません。しかし、本書の第1章でも詳述しましたが、「学問の祖」とも言われるソクラテスは、「デルフォイの神託」を検証することから、知の探究を始めました。「神託」とは神から言葉を預かることであり、幸福の科学の「霊言」に隣接した現象だと言えます。

すなわち、学問は「神託」の検証・研究から始まったとも言えます。「霊言」を研究することとは、本来の学問の精神に立ち戻った正統なアプローチであると考えます。
本書を通じ、古今東西の高次にして多角的な「幸福論」の視座から、「真実の幸福」に迫ることにより、幸福研究の更なる発展、そして多くの方々の幸福増進に寄与することができれば幸いです。

2014年9月14日

学校法人幸福の科学学園
理事・幸福の科学大学人間幸福学部長候補　黒川白雲

※幸福の科学大学（仮称）は、設置認可申請中のため、学部名称も含め、構想内容は変更の可能性があります。

（注）「幸福論」シリーズ（大川隆法著、幸福の科学出版刊）として、左記の著作が刊行されている。

①『ソクラテスの幸福論』
②『キリストの幸福論』
③『ヒルティの語る幸福論』
④『アランの語る幸福論』
⑤『北条政子の幸福論』
⑥『孔子の幸福論』
⑦『ムハンマドの幸福論』
⑧『パウロの信仰論・伝道論・幸福論』
⑨『仏教的幸福論―施論・戒論・生天論―』
⑩『日本神道的幸福論』

比較幸福学の基本論点　目次

※文中、特に著者名を銘記していない書籍については、原則、大川隆法著となります。

第1章

魂の健康を求めて

――『ソクラテスの幸福論』を読む

『ソクラテスの幸福論』
大川隆法著／幸福の科学出版

新たに始まった幸福の科学の「幸福論」シリーズ

大川隆法・幸福の科学グループ創始者兼総裁は、２０１２年から、宗教的アプローチによる「幸福論」シリーズと銘打った法話・霊言の収録を重ねてきました。本書を執筆している9月はじめの段階で、ソクラテスを皮切りに、キリスト、ヒルティ、アラン、北条政子、孔子、ムハンマド、パウロ、仏教、日本神道と10巻が刊行されています。これは、ソクラテスからパウロまで古今の聖賢に幸福についての意見を聞き、また、大川総裁の法話・解説を通じて、真なる「幸福学」を構築していく試みです。あるいは、「幸福」に関する価値判断について、「何が間違っていて、何が正しいのか」を明らかにしていく取り組みです。

今、多くの学問があり、多くの学説が説かれていますが、対立する学説の何が正しくて何が間違っているのか、よく分からない状況にあります。

心理学で言えば、フロイトとユングという有名な学者が二人います。例えば、「無意識」に関する認識は両者で全く違いますが、どちらの説が正しいのかについて世間の評価は十分には定まっていません。しかし、実際に「霊言」という形で、フロイトとユングに直接話を聞いてみると、その差が明らかになります。ユングの霊言を収録した『「ユング心理学」を宗教分析する』とフロイトの霊言を収録した『フロイトの霊言』を読み比べてみると、心境も認識力も、明らかにユングのほうが高いことが分かります（注1）。

「幸福論」シリーズで採り上げている聖賢は、すでに霊言で検証済みの正真正銘の偉人たちです。その趣旨を大川総裁は次のように述べています。

当会の特徴である霊言現象によって、いろいろな聖賢から話を伺い、ある程度、「これは」と思われる方の幸福論を折々にためていけば、学問的な下支えになるというか、「どういうものを研究したらよいのか」というようなことが見えてくるのではないかと思います。

『ソクラテスの幸福論』16ページ

現在、聖賢たちが生前に説いた幸福論の意味がどのようなものであったのかは、よく分からなくなっています。そこで、霊言という形で彼らが説く幸福の本質を探究し、関連する文献と合わせて幸福論の比較をしていこうというのが、本書の試みです。

本来なら、「幸福論」シリーズのすべてを解説したいところですが、今回は、ソクラテス、キリスト、ヒルティ、アラン、孔子、ムハンマド、釈尊の七つの幸福論について、そのエッセンスを紹介し、最後に幸福の科学教学における幸福論の概要を示したいと思います。

ポイント①「無知の知」

第1章では、ソクラテスを採り上げます。

古代ギリシャの哲学者で、哲学の祖とも言われる方です。

『ソクラテスの幸福論』では、軽妙ながらも深遠な内容を含むソクラテスとの対話が展開されていますが、重要論点を三つに絞って考えてみます。

一つ目は、「無知の知」です。大川総裁による「無知の知」の解説を紹介しましょう。

ソクラテスの熱心な崇拝者、信者とも言うべき崇拝者が、デルフォイの神殿に勝手に行って、「ソクラテス以上の智者、賢い人が、はたしているのでしょうか」というようなお伺いを立てたところ、アポロン神《しん》からと思われる神託が下りて、答えは「ノー!」ということでした。すなわち、「ソクラテスより賢い人はいない」という神託が下りたのです。(中略)

ソクラテスは、この神託を重大に受け止めて、「いや、さすがに、そんなことはないのではないか。有名な政治家もいるし、学者も批評家も大勢いるので」ということで、「これは」と思う人にアタックし、いろいろと議論を吹っかけていくのですが、議論していくうちに、最初は立派そうに言っていた相手が、どんどんボロを出して敗れていきます。（中略）

結果的に、ソクラテスは、「神託は間違っているというわけではないけれども、自分がいちばん賢いと思うほど、私はうぬぼれているわけではない。要するに、ほかの人たちは、無知であるのに、自分が無知であることを知らない。しかし、私は、自分が無知であることを知っている」と考えました。

ここで、「無知の知」という有名な言葉が出てくるのです。

ソクラテスは、この「無知の知」、要するに、「『自分は知らない』ということを知っていることをもって、『智者』と言ったのではないか」という解釈に至ったのですが、これなら、「ほかに、この世的に賢い人がいても、神託が間違っていたわけではない」という解釈が成り立つわけです。

『ソクラテスの幸福論』24-27ページ

ソクラテスと言えば「無知の知」というほど有名なエピソードです。プラトンの『ソクラテスの弁明』という書籍で紹介されています。

「無知の知」は、単に自分の愚かさに気づいたというレベルの気づきではありません。もう一段深い意味があります。

「無知の知」の本当の意味は、神の知の前に謙虚になること

「無知の知」の源流にあるのは、デルフォイの神殿の入り口に刻まれている「汝自身を知れ」(mēden agan)という言葉です。この言葉には、「神の子である自分に目覚めなさい」、あるいは「自分の良心に目覚めなさい」という反省の視点が

含まれています（『大川隆法霊言全集第9巻』38ページ）。そして、「神に対して自らの分《ぶん》をわきまえよ」という意味があると伝えられています。ギリシャの神々は、人間と比べて遥《はる》かに高いところにある存在であり、人間とは隔絶された立場にあると考えられていました。にもかかわらず、当時のギリシャ人で、「ソフィスト」（sophist）と呼ばれる人たちの中には、「自分は何でも知っている」と考える人がたくさんいました。そこで、ソクラテスは当時の知識人たちに、「徳とは何か」「正義とは何か」という議論を吹っかけていったわけです。誰もソクラテスに議論で勝つことができず、知識人たちは、知っていると思い込んでいるだけで、徳や正義などの肝心なことについては、何も知らないことが明らかになりました。

つまり、ソクラテスは、「神だけが本当の知者なのかもしれない」と気づいたのです（田中他訳，２００５）。どんなに賢い人でも、神様に比べれば無知に等しい。だから、もっと謙虚になって、「神の知」というものを受け入れていく必要があると悟ったわけです。

大川総裁は、２０１４年7月の御生誕祭の法話「繁栄への大戦略」で、同様のことを述べています。

　十年、二十年と長く勉強して、よい大学を出て、よい会社に入ったり、いろいろな資格を取った立派な方々が、日本にたくさんいます。しかし、「そういう方々が、単純な真理さえ知らない」という事実には驚くばかりであります。そして、「神は、死んだ。もう存在しない」、あるいは、「人間が神に成り代われる」と思っているような人が、数多く生まれてきています。

　確かに、二千年前、三千年前に比べたら、現代の知識人たちは、昔の人たちが決して手にすることができなかったような知識・情報を手にしていることだと思います。それは、昔の人から見たら、まるで「神の如き智慧」に見えることでありましょう。

　されども、「人間とは何であるか」という問いに答えることができず、「あなたは、どこから来て、どこへ去っていくのか」ということに答えることができず、「あなたの人生の目的は、いったい何であるのか」ということに答えることができないのであれば、「優れたる人」とは、決して言うことはできないと思います。むしろ、さまざまな知識や情報、テクノロジーが、みなさまがたの目を曇らせ、真実を見えなくしていると言わざるをえません。

「繁栄への大戦略」

現代人は「無知の知」を知るべきとの現代的な説明ですが、幸福の科学では、こうした神仏の視点から観た真実の智慧を学ぶことを「知の原理」と呼んでいます。「知の原理」とは、幸福の科学の基本教義である四正道《よんしょうどう》の一つです。四正道とは、現代的な考え方での「幸福に到る四つの道」であり、「愛の原理」「知の原理」「反省の原理」「発展の原理」の四つの道を合わせて「幸福の原理」と言います（注2）。「知の原理」は、単に知識が大切だと言っているだけでなく、「仏法真理（仏神《ぶっしん》の心であり、大宇宙の進化と調和を実現するための「法」)」を学ぶことが大事だという教えです。間違った思い込みを取り除き、仏法真理を通して、世界や宇宙の仕組み、人生の目的と使命を謙虚に学ぶことです。もちろん、宗教的な知識だけでなく、最先端の学問の成果や仕事に必要な知識を学んでいくことも含まれます。なお、大川総裁の説法の背景には、大川総裁が万学を学び尽くして得た膨大な知の蓄積があり、それを結晶化したものが一つひとつの説法や経典になっています。したがって、大川総裁の経典を学ぶことで、膨大な教養のエッセンスを同時に学ぶことができます。

筆者は以前、大川総裁の秘書をしていた時に、蔵書係を務めていたことがあるのですが、何万、何十万冊というレベルの蔵書がありました。もちろん、ただ置いてあるわけではなく、毎日ものすごく勉強をされています。一日に30冊、40冊、50冊と読んでいかれるのですが、重要なところに線を引きながら、ものすごいスピードで読み進め、必要なところを全て頭の中にインプットされていく、そうした超人的な努力を目の前で拝見してきました。

さすれば、知的レベルにおいて遥かに劣っている私たちであるなら、現状に甘んじることなく、さらなる知的探究の努力が必要になるはずです。「無知の知」を知るならば、もう一段謙虚になって、あくなき知的探究心の下《もと》に、謙虚に努力を積み重ねていかなければなりません。

ポイント②ただ生きるより、よく生きよ

第二のポイントは、「ただ生きるより、よく生きよ」ということです。

私は、「ただ生きるより、よく生きなさい」といったことを言って死んでいった。「ただ生きることが大事なのではない。よく生きることが大事なのだ」と。

私にとって「よく生きる」とは、まあ、「毒杯を飲んで死ぬこと」であった

わけだけれども、それが「よく生きること」であった。

その「よく生きる」とは何であるかというと、「自分が『正しい』と思うことを曲げない」ということが、よく生きることであり、「自分の信念や信条、考え等を曲げてでも、この世の肉体の快楽や延命を図ったり、家族の幸福を図ったりする」ということを、よく生きることとは私は思わなかった。

「よく生きる」とは、「自分の心、己《おの》が心、その良心に忠実に生きる」ということだと考えていたことは事実だけど、世間の考えとずれていたことは間違いないな。

『ソクラテスの幸福論』68 - 69ページ

ソクラテスは青年たちを惑わせた罪で告発され、裁判で死刑となり、毒杯を仰いで亡くなりました。実際には無罪であったにもかかわらず、また、牢から逃げるチャンスがあったにもかかわらず、判決を受け入れて自ら毒杯を仰いで死を迎えたのです。

有罪の判決を受けた時に、ソクラテスはこう述べています。

「わたしを放免するにしても、またしないにしても、わたしは、たとえ何度殺されることになっても、これ以外のことはしないだろう」（田中他訳，２００５）

有罪か無罪か、死刑かそうでないかにかかわらず、自らの正義を貫く生き方を変えないということです。これがソクラテスの言う「ただ生きるより、よく生きる」という生き方を象徴しています。

同様の生き方をした人がいます。イエス・キリスト、ヤン・フス、ジャンヌ・ダルク、吉田松陰などの偉人たちです。真理のため、宗教改革のため、国を救うために、命を投げ出した人たちです。

例えば、イエスは、「一粒の麦は、地に落ちて死ななければ、一粒のままである。だが、死ねば、多くの実を結ぶ。自分の命を愛する者は、それを失うが、この世で自分の命を憎む人は、それを保って永遠の命に至る」（ヨハネ12：24‐25）と言っています。実際に、イエスは地上の生命に執着することなく33歳で十字架にかかって亡くなりますが、その後、キリスト教は数十億人もの信者を擁《よう》する世界宗教になりました。自らの命を顧《かえり》みずに正義を貫く生き方は、偉人たちに共通しています。

ソクラテスの言う正しさとは、「徳（アレテー）」の探究（魂を善なるものとしていくこと）です（藤沢訳，１９９４）。何が正しいかを知れば、必ず正しい行動につながるという考え方で、東洋の陽明学《ようめいがく》に通じる、「知行合一《ちこうごういつ》」の思想です。

ソクラテスの発見「世界は心がつくっている」

ソクラテス以前のギリシャ哲学では、「世界は何でできているのか」を説明することが大きな命題でした。ある人は空気でできていると言い、ある人は「水」と言いました。「火」や「土」と答える人もいました。数学者で有名なピタゴラスは

「数」と言いました（こうした思考の形式は、後世「還元論《かんげんろん》」と呼ばれています）。

そんな中で、ソクラテスは、「万物を秩序づけるのは、精神（ヌース）だ」というアナクサゴラスの説に共鳴し、全く新しい哲学をスタートしたのです（田中他訳，２００５）。つまり、多くの学者がモノを中心に世界の成り立ちを考える中で、ソクラテスは、「世界の秩序は精神がつくっている」という革命的な答えを出したわけです。

若い女性にも老婆にも見える有名な絵があります（左絵）。これは、一つの絵でも、人によって違う見方ができるという事例として知られています。私たちを取り巻くこの世界も同様です。自分が見ている世界と、他の人が見ている世界は実は違うのかもしれません。同じ世界でも子供と大人なら、違うように見えているでしょう。機嫌のいい時と悪い時でも、違う見え方を

しているはずです。

結局、世界の認識は、その人の心がつくりあげているのです。

仏教の唯識派《ゆいしきは》（注3）の教えでも、「一水四見《いっすいしけん》」という考え方があります。一つの川があったとしたら、人間にはただの川に見えますが、魚には住み処《すみか》に見えます。天上界からは水晶のように見え、地獄の住人からは血の膿《うみ》が流れているように見えます（『宗教の挑戦』139ページ）。これはものの譬《たと》えですが、実際には何百、何千通りに見えるのです。

心の状態によって、世界の見え方は変わっていくのです。このように、精神と物質のうち、精神の側に根本的本質があると観《み》る考え方を「観念論」と言います。

ソクラテスは、世界が「精神の秩序」で構成されているならば、「精神を秩序づける原理」とは何かを深く探求し、その結果、「精神の秩序」とは、単にあることではなく、「真・善・美」にあるという結論にたどり着いたのです（竹田，1993）。

これが「ただ生きるより、正しく生きよ」という哲学の背景にあるものです。

ポイント③「魂の健康」を守る

第三のポイントは、「魂の健康」です。

私が探究した哲学なるものを、別な言葉で言うと、結局、「魂の研究」なんだよ。やったことは魂の研究なんだ。

徳についても、ずいぶん探究はしたのだけど、「徳とは何か」というと、私の答えは「魂の健康」なんだよ。魂の健康を求めることが、哲学することであり、「徳」を実現することなんだよ。

だから、私は魂の健康を求めていた。肉体の健康のほうは、毒ニンジンを飲めば、毒杯をあおれば損なわれるけども、魂の健康が損なわれないほうを

取ったわけね。(中略)

だけど、「死にたくない」と思い、牢番が逃がしてくれるので逃げて、生き延びた場合、今度は、魂が病んでくるわけだ。

自分の信念を曲げず、正しいことを言い切って死ねば、魂は健康だけど、肉体のほうを生かし、牢から逃れて、「自分の説のほうが間違っていたのかな」というようなことになれば、魂が害され、不健康になって、病気になるわけよ。

「魂の病気」が、忌《い》むべきものであって、「魂の病気を厭《いと》って、魂の健康を求める」というところは、ある意味では、宗教とそう大きく変わってはいないんだけどね。

『ソクラテスの幸福論』91 - 92ページ

ソクラテスの「幸福論」の核心にあたる部分です。

結局、なぜ正義を貫くのかというと、魂が健康になるからです。肉体の健康を優先して牢から逃げてしまえば、「魂の健康」が損なわれます。それぐらいなら、死んだほうがマシだというわけです。

「魂の健康」を維持することは、命よりも重い価値があるのです。イギリスの古典学者コーンフォードも、ソクラテスは「みずからの魂をできるかぎり卓《すぐ》れたものにすること」（山田訳，1995）に幸福を見出したと記しています。

以上、『ソクラテスの幸福論』を整理すると、①「無知の知」、②「よく生きる」、③「魂の健康」という三つの論点に集約できると思います。「神の知」を謙虚に学んで、「魂の健康」を保つためによく生きること、それがソクラテスの語る幸福だということです。

大川総裁の『永遠の仏陀』には、「仏法真理とは、要するに、魂の健康法であるのだ」（144ページ）という記述があります。すなわち、ソクラテスの求めた「魂の健康」とは、現代で言えば、仏法真理の下に生きることを言うのです。

ソクラテスの幸福論 3つのポイント

第1のポイント

「無知の知」を知れ

どれだけこの世的な知識・情報を手にしても、「人間とは何か」「人はどこから来て、どこに行くのか」「人生の目的は何か」には答えられない。

第2のポイント

よく生きよ

肉体の快楽や延命よりも、良心に忠実に生きることのほうが重要である。

ソクラテス

イエス・キリスト

ヤン・フス

ジャンヌ・ダルク

第3のポイント

「魂の健康」を守る

「魂の健康」を求めることで徳は実現する。

（注1）『「幸福の心理学」講義』にも詳しい。
（注2）『幸福の原理』『幸福の法』等に詳しい。
（注3）「唯、識のみある」という唯識説を立てる大乗仏教の学派の一つ。

第2章

本来の使命に生きる

――『キリストの幸福論』を読む

『キリストの幸福論』
大川隆法著／幸福の科学出版

ポイント① 使命に生きる

第2章は、キリストの幸福論です。

2012年に収録した霊言『キリストの幸福論』には、ポイントが五つあります。いずれも信仰者にとっては一生の指針となる重要論点です。

一番目の論点は、ある意味で衝撃的です。霊言の質問者がイエス・キリストに「幸福とは何か」を問うたら、次のような返答をいただきました。

私は幸福を求めなかったので、お答えすることができないんです。私は、自分の幸福を求めては生きなかったので、残念ながら、ご趣旨には答えられません。幸福になるために、この世に生まれたのではありませんでしたので。

そうではなくて、世の人々を、「迷い」や「苦しみ」のなかから救うことを目的として生まれた者です。

ですから、今、「どのような幸福を求められたか」と言われても、残念ながら、私にはお答えできるような幸福論がございません。あえて、言葉を換えて述べるとするならば、「私は、私の使命を果たすことに専念していた」と言うしかありません。

「使命を果たす過程において、自分がそのお役に立てることがうれしいという気持ちがあった」と言えば、そういうことかと思いますが、おそらく、あなたがたが思うような幸福論とは違うものかと思います。（中略）

他の方々の苦しみや悩みや悲しみ、そういうものを癒《い》やし、治し、救うことに生きがいを見いだしてはおりましたけれども、私自身の幸福も、私自身の絶対幸福も、求めてはいませんでした。

ですから、残念ながら、「私の幸福論は『ない』」ということです。

『キリストの幸福論』21-23ページ

いきなり「幸福論はない」という結論です。もちろん、「世の中に幸福などない」という趣旨ではありません。

「自分の幸福を求めないで、ただただ神から与えられた使命を生きた。それがイエスにとっての幸福だった」と読み解くべきではないでしょうか。イエスの言った「幸福」とは、一人の人間としての「個人的な幸福」のことであり、それを擲《なげう》ってでも真なるもののために生きることが重要であるということではないでしょうか。

「使命を果たす過程において、自分がそのお役に立てることがうれしいという気持ちがあった」（『キリストの幸福論』22ページ）と述べているように、使命を果たすことが、イエスにとっての最大の幸福であったのです。

つまり、キリストの幸福論における一つ目の論点は、「使命に生きる」ということです。大川総裁は、『ダイナマイト思考』で、「一人ひとりの人間が本来の使命を果たしてこそ、幸福になりうるのだ」（36ページ）と述べています。

幸福の科学の教えによれば、誰もが使命を持って地上に生まれてきています。自らの使命が何であるかに気づいたなら、その使命を果たして完全燃焼していくことが「最大の幸福」だということです。

それは、幸福の科学の教えに触れた者であれば、真理を一人でも多くの人に伝えることかもしれません。他の人々の幸福に尽くすことかもしれませんし、自分の職業を通じて世の中を照らしていくことかもしれません。どのような使命であるにしろ、自分には何か大きな使命があると考え、それを果たしていこうとすることが「最大の幸福」になるのです。

使命とは何でしょうか。それは、魂の強いうずきです。このうずきは、どこから来るのでしょうか。『運命の発見』では、「うずきは先天的なものです。生まれてくる前の決意・使命感によるのです」（151ページ）とあります。したがって、例えば、「どうしても学者になりたい」「何としても起業家になりたい」といううずきがあるのなら、そこに使命がある可能性は高いと言えます。

ポイント②「愛と献身」に生きる

二番目の論点は、「愛と献身」です。

十字架において、私が人々に教えんとしていることは、「〝一粒の麦〟が命を捨てることによって、万の人が救われることがあることを知りなさい」ということであるし、「それほどまで激しく神を愛することが、あなたがたにはできますか」ということを、日々、問うているんですね。

『キリストの幸福論』55ページ

一粒の麦の譬えは、前章の「『ソクラテスの幸福論』を読む」でも紹介しました。

重ねて引用しますが、聖書には「一粒の麦は、地に落ちて死ななければ、一粒のままである。だが、死ねば、多くの実を結ぶ。自分の命を愛する者は、それを失うが、この世で自分の命を憎む人は、それを保って永遠の命に至る」（注1）と書かれています。

イエス自身は十字架にかかって処刑されてしまいましたが、その後、無数の人々の幸福が実現しています。それはイエスの自己犠牲に基づく「愛と献身」によってもたらされたものです。

前出のソクラテスにしても、ヤン・フス、ジャンヌ・ダルクにしても、「聖人」と呼ばれる人々は、いずれも「愛と献身」に生きています。

実は大川総裁は「キリストの幸福論」を収録した翌日に、「ヤン・フスの霊言」を、さらにその翌日に「ジャンヌ・ダルクの霊言」を収録しています（『ヤン・フス　ジャンヌ・ダルクの霊言』所収）。

彼ら彼女らの愛と献身に満ちた人生が、どれほど人々を励まし、勇気を与え、感動で満たしたことでしょうか。

申し上げておきたいことは、イエスのような人でなくても、一人ひとりが「一粒の麦」となることは可能だということです。卑近な例ですが、私自身、幸福の科学に奉職した時、「一粒の麦」という言葉が思い浮かびました。「ほんの小さなことしかできないかもしれないが、それが後世、何らかの実りにつながるならば、これ以上の幸福はない」と願い、出家に臨んだ日のことを思い出します。

大川総裁は『幸福の科学大学創立者の精神を学ぶII（概論）』で、真の幸福の第三段階として「後世への最大遺物《いぶつ》」を遺《のこ》すことを挙げていますが、「愛と献身に生きる」とは、後世に贈り物をすることであり、人間にとって最高に幸福な人生でもあるのです。

ポイント③「従順さ」「素直さ」

三つ目の論点は「従順さ」です。

「素直さ」と言い換えてもいいかもしれません。何に対する素直さかと言うと、神の言葉に対する素直さです。

神の言葉は、時として「説明を超えたもの」「理解を超えたもの」になります。どんなに理不尽に思えるようなものであったとしても、従順に、素直に受け止めるということです。イエス自身は次のように述べています。

まず、生前の話からまいりますけれども、「天なる父の心は、とうてい理解できるものではなかった」ということです。

私も、そのなかの〝持ち駒〟の一つであることは分かっておりましたが、「いったい、いかなるところまでの役割を任されているのか」ということについては、十分に認識することができませんでした。

やはり、神の言葉は、あまりにも深く、あまりにも理解を絶したものが多

く、この世的に、合理的に考えるならば、理不尽にも見えることのほうが大きかったように思われます。（中略）
ただ、言えることは、「従順であれ」ということですね。「信仰者の立場に立ったならば、従順でありなさい」ということです。
いったい、いかなる目的で、それを言われているのかということは、本当に、二千年の歳月を過ぎなければ分からないことだってあります。
『キリストの幸福論』71-73ページ

聖書の中にゲッセマネの祈りという心に残る場面があります。翌日に十字架刑を控えて、イエスが天なる父に祈るシーンです。「この苦しみが自分から過ぎ去るように」と祈ったのですが、最後には「わたしが願うことではなく、御心に適《かな》うことが行われますように」と祈っています（注2）。自分の希望ではなく、神の御心に従うと明確に述べているわけです。

イエスの祈りに対し、天なる父は沈黙で答えます。それで、イエスは、十字架にかかるという運命を受け入れる覚悟を固めます。この時点では、十字架にかかることで、その後のキリスト教の歴史を決定づけるなどということは予想もつかなかったでしょう。なぜ十字架にかからなければならないのかは分からないのですが、それが神の意志なのであれば、ただ、素直に従うことにしたわけです。

私の身近な例で言えば、以前、幸福の科学が栃木県の那須に三十万坪の土地を買った時に、一部の弟子たちは、大川総裁のこの判断が理解できませんでした。ところが、後になって、この場所に幸福の科学学園ができて、毎年多くの中高生がここで学び、巣立っていっています。今では、チアダンス部が国際大会で優勝したりしていますから、学園ができてよかったとみな思っていますが、当初はそんな未来を誰も予測できませんでした（注3）。このように、宗教には一見、人知では理解できなくとも、そこに神の智慧が込められており、信じる中に道が開けていくということが多くあります。大川総裁も、次のように指摘しています。

宗教の世界は、永遠の世界、不滅の世界であり、そこには不滅の真理があります。そのなかには、やはり、「不合理なれど、我、信ず。不合理なればこそ、我、信ず」というところがあるのです。

『大悟の法』137ページ

自らの「知」の限界を知り、理解を超えたものに素直に従うことが信仰の尊さです。聖書にも「心を入れ替えて子供のようにならなければ、決して天の国に入ることはできない」（注4）と書かれています。

また、素直さというのは、「神の声」を聴く条件でもあります。大川総裁は、こう指摘します。

私は現在、高級諸霊と話をすることができます。なぜそれができるのか、他の人とどこが違うのかを考えてみると、結局、「素直な心」があるということだと思うのです。別の言葉でいうと、「純粋さ」でもあるでしょう。

『幸福への方法』97-98ページ

前章のソクラテスと絡《から》めて説明するなら、「無知の知」を知り、素直になって神の声を聴くことができれば、よりよく生きることができ、その結果、真実の「幸福」に至るというわけです。これは言葉を換《か》えれば、神仏への「絶対の信仰」「無条件の信仰」と言えるでしょう。

ポイント④「謙虚さ」

四つ目の論点は、「謙虚さ」です。

イエスと言えば、全人類が尊敬してやまない歴史上の偉人です。にもかかわらず、

『キリストの幸福論』でイエスは次のように述べています。

インドの宗教画のなかには、何本ものたくさんの手がある神の絵が描かれておりますけれども、これは、「神の救いの姿」を表しているものだと思われます。私もまた、霊天上界に還《かえ》って感じ取る神の姿は、それに近いものです。この世のいろんな国の、いろんな民族の人たちを救うために、数多くの〝手〟を持っておられるように感じます。私は、「そのなかの一本の〝手〟にしかすぎない」ということを、深く感じ至っている者であります。

その〝手〟は、その〝腕〟は、それが付いているところの本体の姿を見ることができないのです。自分がその一部であると感じることはできますが、その「天なる父」の本当の姿を知ることはできません。

『キリストの幸福論』69ページ

イエスにして「一本の手足にすぎない」ということなら、私たちは、もっともっと謙虚になるべきでしょう。イエスはさらに、「私は、あくまでも、『愚直に、自ら信ずるところの、純粋なる信仰において、霊的人生観を獲得する』ということのみに、その生涯を捧げた者であります」（『キリストの幸福論』83ページ）と言葉を重ねています。

大川総裁も、『幸福の原点』で「信仰の原点とは、謙虚にみずからを見つめ、つつましやかな、みずからのあり方のなかに、やがて仏へとつながっていく一条の道筋を見いだしていくこと」（135ページ）と述べています。

私は以前、幸福の科学の精舎で、数カ月間ほど下座行《げざぎょう》をさせていただいたことがあります。トイレ掃除や床磨き、スリッパ磨きを毎日毎日させていただく修行です。この時に、ものすごく謙虚になりました。自分が慢心していたことに気づき、優越心やプライドが少しずつ取り払われて、他の人が光り輝いて見えるようになってきたのです。自ら謙虚になればなるほど、いかに神仏が素晴らしい存在であるかが心の底から分かってきたのです。

聖書にも「高ぶる者は低くされ、へりくだる者は高められる」（注5）とあります。謙虚になることによって、本物の信仰をつかむことができます。本物の信仰は、真の幸福に繋がります。この意味でイエスの謙虚さは、手本となるはずです。

ポイント⑤「純粋な信仰」を持ち続ける

最後の論点は、「純粋な信仰」です。『キリストの幸福論』の結論にあたる部分です。

この世的な誘惑に抗《こう》し、「純粋な信仰というものは、やはり、各人が持ち続けねばならないものだ」ということを忘れないようにしなさい。

『キリストの幸福論』１０４ページ

この世的な誘惑は至るところに潜んでいます。僧職者として聖業《せいぎょう》に励んでいてもさまざまな誘惑に心が揺れます。私も若い頃、信仰に〝曇り〟ができたことがあります。なぜ曇ったかというと、「信仰をしていることで多くの人から評価されたい」という思いが出てしまったのです。他人から「素晴らしい人だ」と言われたい。「篤《あつ》い信仰心だ」と言われたい。出世したい。信仰の中にそんな欲望が混じってしまったのです。しかし、そうした自分の名誉欲、出世欲、自己保身等を一つひとつ反省していった時に、信仰心を再び取り戻すことができました。

信仰者の人生には、このような「魔境《まきょう》」に陥ることがあります。そういう時に、きちんと信仰心を取り戻せるように、自分の信仰は純粋かどうか、欲望が入っていないか、人からよく思われたいとか名誉心がないかということを、日々、反省しなければなりません。いつ心境が悪くなるか分かりませんから、毎日、反省して、「純粋な信仰」を保つことが大事です。

聖書には、「心の清い人々は、幸いである。その人たちは神を見る」（注6）とあります。

また、大川総裁は、『君よ、涙の谷を渡れ。』で、「信仰は百パーセントを要求します。受け入れるか、受け入れないか、そのどちらかです。受け入れたならば、私についてきなさい」（60ページ）と述べています。純粋さを求めるにあたり、少しの不純なるものも、妥協もあってはならないということなのです。

以上、キリストの幸福論は、「使命に生きる」「愛と献身に生きる」「従順さ・素直さ」「謙虚さ」「純粋な信仰」の五つがポイントであると考えます。五つのポイントを、一生涯持ち続けて生きていくことができれば、最高度の信仰、最高度の幸福、最高度の魂の輝きが実現するのではないでしょうか。

キリストの幸福論 5つのポイント

第1のポイント

「使命」に生きる

自らの幸福を考えるのではなく、使命を果たすことに専念する。

第2のポイント

「愛と献身」に生きる

自らの命を擲《なげう》ってでも、
神仏や人々への愛と献身に生きる。

第3のポイント

「従順さ」「素直さ」

いかに自らの理解を超えていようとも、神の言葉に素直に従う。

第4のポイント

「謙虚さ」

謙虚に自らを見つめ、本物の信仰をつかむ。

第5のポイント

「純粋な信仰」

信仰は100パーセントを要求する。日々、反省して、「純粋な信仰」を守る。

（注1）ヨハネによる福音書12・24－25
（注2）マルコによる福音書14・32－42
（注3）2011年8月27日の大川総裁の法話「創造的人間の秘密」（「ヤング・ブッダ」通巻102号掲載）の中で、那須に買った土地の使い方について、当会幹部の理解が及ばなかったエピソードが紹介されている。
（注4）マタイによる福音書18・3
（注5）ルカによる福音書14・11
（注6）マタイによる福音書5・8

第3章

神のそば近くにあること

——『ヒルティの語る幸福論』を読む

『ヒルティの語る幸福論』
大川隆法著／幸福の科学出版

キリスト教精神にあふれるヒルティの幸福論

キリストの次は、ヒルティを採り上げたいと思います。

ヒルティは、19世紀から20世紀初頭にかけて活躍したスイスの思想家です。代表的な著書に『幸福論』がありますが、キリスト教精神にあふれた名著です。

例えば、その第三部（草間他訳，１９６５）を見ると、次のような名句が並びます。

・人生のまことの補強工事とは、神のそば近くにあることと仕事とである。その結果、しぜんに生ずるものは、あらゆる被造物に対する愛である。
・ひとたび神の近くにあることを経験したならば、それをふたたび忘れることはできないであろう。
・神とともにあって苦しむことは、神なしに生き、まして神なしに苦しむよりも、つねにまさった運命にある。
・およそ神とその霊が存在し、神はその霊をとおして地上のわれわれのもとに宿ることができる、という確固たる信仰がなければならない。

ヒルティ『幸福論』

このように、「信仰論」としての「幸福論」を説いているのが特徴です。

一方で、『幸福論』第一部（草間他訳，1961）では、「仕事の上手な仕方」「良い習慣」「時間のつくり方」など、仕事論や成功論として読める思想が説かれています。

大川総裁も、『幸福論』が「仕事論」から始まっていることに注目しています。

『幸福論』の第一部は「仕事の上手な仕方」から始まっていて、非常に〝珍しい幸福論〟なのですが、確かに、幸福を求めるとしたら、仕事の上手な仕方も大事であり、「よくぞ言ったり」というところです。仕事の上手な仕方を知っていることが、幸福論につながるわけです。

これは、通常、思想家があまり言わないことなのですが、ヒルティは、実務家でもあったために、こういうことを言ったのでしょうし、その秘訣を自分で体得していたから、教えたかったのだろうと思います。

彼は、弁護士や裁判官の仕事をしたり、大学教授や政治家をしたりしながら、著作を行ってきた方ですので、そうとう忙しい仕事のなかで、思想書をいろいろと書いていき、全集もあるぐらいですから、上手な仕事の仕方を知らなければ、そういうことはできなかっただろうと思われます。それを教えてくれています。

つまり、そこには幸福論につながるものがあるということです。

『ヒルティの語る幸福論』18 - 20ページ

拙著『知的幸福整理学』では、宗教や哲学が説いてきた幸福論を大まかに紹介しましたが、基本的にその多くは理念的で精神的なものです。その意味で、ヒルティのように「仕事論」が「幸福論」として展開されていることは珍しいと言えます。ただ、その仕事論は、信仰と密接に結びついています。ヒルティの仕事論は、人は仕事を通して神に仕《つか》えているのだという信念で貫かれています（行安他，1979）。

また、現実問題としても、仕事の処理能力が低いと、人生の時間を無駄にしたり、周囲の人に迷惑をかけたりします。ヒルティが「仕事論」から「幸福論」を始めている点について、大川総裁は次のように述べています。

彼の幸福論は、まず初めに「仕事の仕方」から始まっています。幸福論が「心のあり方」だけでなく、「仕事の仕方」で始まっているというのは非常に珍しい出方ではありますが、これも、私が、ある種、人生の早いうちに知ってよかったと思ったことの一つでした。

ヒルティが書いているのは、「習慣的な努力によって、仕事をてきぱきと片付けていくことにより、いかに余分な時間をつくり出すか」ということです。「時間の生み出し方」を書いているわけです。

『「比較幸福学」入門』69ページ

この意味で、ヒルティの「幸福論」は実践的な側面も兼ね備えていると言えます。

ポイント① 不幸と対面していく中に幸福への道がある

しかしながら、「ヒルティの幸福論」でポイントを整理するとすれば、やはり、信仰面を含んだ精神的な部分に着目したいところです。

大川総裁は2012年3月に、ヒルティの霊示《れいじ》による「ヒルティの語る幸福論」

を収録しました。その内容を三つのポイントに絞って読み解いてみましょう。
一番目のポイントは、「不幸と対面していく中に幸福への道がある」ということです。

幸福というのは皮肉なものだ。本当に、「道の先にいるライオン」のようなもので、みんな、それに近づくと引き返す。それが幸福だなあ。
そのまま進めば幸福をつかむことができるのに、「ライオンが寝そべっている」と思い、それを見て引き返していく人が後を絶たないんだなあ。ライオンじゃなくて、本当は、それが幸福なんだけれども、それを恐れて、次から次へと引き返していくんだねえ。(中略)
だから、私には、「私の経験や知識等をいろいろと動員して、参考になるもの、道しるべを遺《のこ》したい」という気持ちがあったんだよね。(中略)
あなたがたは、それぞれ、「自分の持っている不幸を、何か挙げてみなさい」と言われたら、きっと幾つか挙げるだろう。挙げられない人はいないだろう。「一点の不幸もございません」と言う人は、まったく「感性」がないか、「知性」がないか、「嘘つき」か、どれかだと思う。だから、必ずあるはずだ。だけど、「実は不幸の奥に幸福があるのだ」ということを、やはり、知らねばならない。

また、「人生の道すがら、不幸と見えし環境が現れてきたとしても、それを努力や習慣の力で克服していくことによって、その不幸が幸福に転じていく結果が出てくる」ということを教えたかったんだがな。それには何かの手本は要るであろうからね。

『ヒルティの語る幸福論』42 - 46ページ

不幸をライオンに見立てた譬《たと》えを用いて、「不幸が実は幸福の原因になるのだ」という思想を展開してます。

『幸福論』（第三部）にも、同様の記述が幾つかあります。

不幸は人間につきものだということである。いくぶん逆説的に言えば、不幸は幸福のために必要だということである。

善人は、幸福であってよいはずだと思われるのに、この世ではなかなか運良くいかないということは、たしかに人生の謎であり、実に多くの人をここにつまずかせ、正しい道を捨てさせる。（中略）

幸福は「ゆくての道に横たわる獅子」である。たいていの人はこれをひと目見て引き返し、むしろ幸福に劣る何物かで満足するのである。

ヒルティ『幸福論』

いずれも含蓄のある言葉です。では、不幸を幸福に転じていくにはどうすればよいのか。ヒルティは、人間の弱点を「ぐずぐずすること」と考え、「決心」「直ちに実行する」ことの価値を重視しています（行安他，1979）。ヒルティの思想からは、勇気を持って実行すること、努力を続けることの価値が伝わってきます。『「幸福の心理学」講義』には、次のような譬え話があります。

金鉱を掘るときに、すぐに鉱脈にたどり着かないからといって落胆するのはバカげたことです。最初は、ツルハシを振るって土を掘ったり、岩を掘ったりしていかなければいけないでしょうが、いずれ金鉱に、あるいはダイヤモンドの鉱床《こうしょう》にたどり着くということを知っていれば、何ら周りの批判や悪口等に屈する必要はありません。むしろ、今、金鉱やダイヤモンドが手に入らない状態であっても掘り進めることができます。

『「幸福の心理学」講義』105-106ページ

あきらめることなく、勇気をふるって新しい挑戦を続けることで、幸福への道が開けていくのです。

ポイント②欲望を捨てることで「真の自由」が得られる

二つ目のポイントは、「欲望を捨てること」です。

今、現代人は、情報過多になっているし、情報だけではなく栄養も過多になっている。

そういうことが、いろいろなかたちで、ストレスや病気のもとになっていると思うので、やはり、よく捨てて、よく絞り込み、優先主義というか、そういう考え方を立てるべきです。

「今は何がいちばん大事か」ということを常に考えて、第一順位のものに自分が携《たずさ》わっているなら、第二順位のものについては、「もし失われても構わない」という気持ちを持ち、第三順位、第四順位のものについては、それ以上に、失われても構わないものなので、そう考えなくてはならない。

『ヒルティの語る幸福論』59‐60ページ

「捨てる」ということは、「ストイックに生きる」ということでもあります。ヒルティは、『幸福論』(第一部)で、「エピクテトス」という章を設けています。エピクテトスは、1世紀から2世紀にかけて活躍した古代ギリシャのストア派の哲学者です。ストア派というのは、自制心によって心の内面の幸福を追求する禁欲主義的な思想で、「ストイック」の語源にもなっています。大川総裁は、エピクテトスの哲学について、次のように述べています。

エピクテトスの考えは、実に面白い考えです。「外部環境については、全部を変えることはできない。自分の思うようにはならないものも、必ずある。

しかし、『自分がどう思うか』という内面は、百パーセント、自分の自由になる」ということを、彼は言っています。

これは意外に、哲学の本質を突いた部分があるのです。生まれによって、地位が違ったり、経済格差があったりしますし、生まれる国を選べないなど、いろいろな面もありますが、「そのなかでどう生きるか」ということは各人の内心の自由であり、やはり、奪えないところがあるわけです。

『「比較幸福学」入門』52‐53ページ

「『自分がどう思うか』という内面は、百パーセント、自分の自由になる」という考え方は、幸福の科学では「心の王国」と呼ばれています。

宇宙を流れるこの原則をみたときに、根本において「どのような環境であっても心の王国を築け、心のユートピアを築け」という一つの大きな指導原理があることを、私たちは認めざるを得ないのであります。そしてこれは、変えることが許されない不文律として、長い間人類の歴史を貫いてきたものであります。

『ユートピアの原理』35ページ

では、どのようにして、エピクテトスは「心」を統御すべきと言っているのでしょうか。彼の語録は『人生談義』という書籍にまとめられていますが、その中に次のような記述があります（鹿野訳，1958）。

苦痛、恐怖、欲望、嫉妬、毀損心《きそんしん》、貪欲、臆病、また不節制を投げ棄《す》てるがいい。だが、これらのものは、ただ神のみを仰ぎ、それのみに従い、彼の命令によって清められるのでなければ、他の仕方では放棄できない。だがもし君が他のものを欲するならば、君は悲しんだり、嘆いたりしながら、君よりもっと強いものに従うことになるだろう。そしていつも幸福を外部に求め、しかも決して幸福を得ることができないだろう。

エピクテトス『人生談義』（上）

エピクテトスは、心の「自由」を守るためには、信仰を中心に置き、欲望や嫉妬などは投げ捨てればよいと述べています。大川総裁も、より高次な価値を置き、そこに向けてストイックな生き方を貫くことの重要性を指摘しています。

何事であれ、高度なものを達成しようとする人は、ストイックな生き方を要求されます。高度な目標を達成するためには、捨てなければいけないものがあるのです。何も捨てずに成就するということはありません。（中略）

ただ、これは、「より高次なものの達成のために、ストイックに生きる」ということであって、ストイックに生きること自体に意味があるのではありません。より高次なものを求めていることの象徴として、この世的な、いろいろな欲望、普通の人間が持つような欲望を慎むということです。

『到彼岸《とうひがん》の心』39・40ページ

また「『心の復興』講義」という法話では、ストイシズムの注意点として、次のような指摘をしています。

形式的ストイシズムではなくて、実質的ストイシズム、これが大事だということです。これを考えてください。断食《だんじき》したりあるいは粗衣粗食《そいそしょく》に耐えるとか、いろいろな形式的なストイシズムがあるでしょうが、そのなかにも魂の自己顕示欲があるからそれを見抜きなさいということです。

実質的に、大きな目標のために貢献してゆくためにはどうしたらいいのか、という観点で自分を律してゆく、自分たちを律してゆくということが大事であると思います。

「『心の復興』講義」

ストイックに生きることは、一見、あれもダメ、これもダメと縛られるように感じるところもありますが、実は、捨てることによって、さらに大きな何か、つまり「自由」を得ることができるのです。倫理学者の行安《ゆきやす》茂氏は、ヒルティの『幸福論』を次のように解釈しています（行安他，1979）。

ヒルティの幸福論の中で最も困難なことは、金銭・名誉・享楽への欲望を捨てることである。野心や成功を眼中におかないことも困難である。しかし、真の自由（心の平静さ）は、これらの対象を無視し、その代わりに仕事を人のために誠実に（急がず）なすことから得られる、という考え方は真理である。

行安茂他『世界の幸福論』

このように、ヒルティの幸福論は、魂の「自由」を得るための智慧に満ちていると言えます。

ポイント③神のそば近くにあること

三番目のポイントは、「神のそば近くにあること」です。『ヒルティの語る幸福論』では、二段階に分けて幸福を論じています。

最終的な幸福論を、第一段階では、この世的な、自己実現的なものに考えてもよいかもしれないけれども、第二段階的には、やはり、いろいろな成功・失敗など、何があろうと、それには関係なく、「神のそば近くにあること」というところに幸福を置かなくてはならない。そうしたら、今のあらゆる〝不幸の種〟と思われるものは、全部、関係がなくなってくるのです。
『ヒルティの語る幸福論』71ページ

生前の『幸福論』のほうでは、「幸福の種類には二たとおりある。一つはつねに不完全なものであって、この世のさまざまな宝をその内容とする。いま一つの幸福は完全なものであって、神のそば近くあることが即ちそれである」（草間他訳，1965）という表現になっています。いずれにしても、信仰による幸福を強く訴えているわけです。

『ヒルティの語る幸福論』では、神のそば近くにあった者の事例として、イエス・キリストの人生を紹介しています。

信仰なくば、「真実の幸福」はありえないと思います。

イエスが救世主として生きた過程は、この世にだけ人生を限って見れば、もし、言われるように三十三年の人生だったとすると、わずか三十三歳にして十字架に架けられ、言葉は悪いが、〝惨殺《ざんさつ》〟されたかたちですよね。（中略）十字架に架かる前には、鞭で打たれ、皮が剝《は》がれて血が流れ、茨《いばら》の冠を被り、重い十字架を背負って丘を登りゆく過程で、侮辱され、唾《つば》をかけられ、人類最高の人が大勢の人々に罵倒されて、「救い主だというのに、自分も救えないじゃないか」と言われる侮辱に耐えながら、十字架に架かるわけですから、そのイエスの最期を想像するだに、涙が止まりませんよね。

しかし、それが、実は「神のそば近くにあること」であり、「最も幸福な、栄光の道を歩もうとしている瞬間だった」ということですよね。

この逆説が、生きている人には、そう簡単には分からない。普通の人にとっては、捕まって死刑にならないことが幸福ですよね。

やはり、「人生観において、根本的に信仰があるかないか」のところでしょうね。信仰がない人にとっては、「この世的に快適で快楽であることが幸福」

ということになりましょうが、信仰心のある人にとっては、やはり、「神のそばに行ける」ということが幸福なんだよねえ。

これを知らせなければ、やはり幸福論を説いたことにならないと思う。

『ヒルティの語る幸福論』72 - 75ページ

イエスの生き方は、常識的に見れば、非常に厳しい人生だったと言えますが、ヒルティは、十字架にかかった最期の時こそが、栄光の瞬間だったと述べています。もちろん、これは死ぬことが大事だという意味ではありません。信仰において勝利したということです。大川総裁は『勇気の法』の中で、神のそば近くに座る条件について、こう説明しています。

「信仰の優位」ということを、しっかりと心に描かなくてはなりません。

代償の法則のなかで、最大のものとは、実は、「〝この世的なるもの〟を、どれだけ捨て、そして、真理に生きられるか」ということです。

釈迦やキリストが説いたことも、そういうことです。どちらも、「この世的なものを捨てよ」ということを説いています。これは代償の法則なのです。

この世的なものに執着した者は、その〝重み〟で沈んでいきます。

しかし、この世的なものに執着しないで、霊的な目で見、天国的な目で見、あの世の目から、仏や神の目から見て、人生を生きた人は、必ず仏や神のそば近くに座れるようになっているのです。

『勇気の法』２３５‐２３６ページ

信仰を持つ者にとっては、何が起ころうとも「信仰の優位」を貫くことは、一つの理想であり、目指すべき生き方です。イエスやソクラテスのように、たとえ非業《ひごう》の死を遂げようとも、信仰や信念を曲げずに生き抜いた人の人生は、実際に、人々の感動を呼びますし、後世からの尊敬を受け続けることになります。大川総裁も、『「比較幸福学」入門』の中で、次のように評価しています。

「三大幸福論」のなかでは、ヒルティの『幸福論』がいちばん宗教的であり、ある意味での神々しさがあるかなという気がします。人間的にも高潔な人格であるので、あまり打ち込む隙がない感じの方です。

あのヒルティが、「真の幸福は神の側《そば》近くにあること」という結論に至っているあたりを読んでいるときには、ヒルティの言葉でありながら、キリストの臨在を感じるものがあります。

『「比較幸福学」入門』72 - 73ページ

こうした宗教性の高みを有しているのが、『ヒルティの語る幸福論』です。折に触れ、味わって読むべき本だと思います。

ヒルティの幸福論 3つのポイント

第1のポイント

不幸と対面していく中に幸福への道がある

第2のポイント

欲望を捨てることで「真の自由」が得られる

第3のポイント

神のそば近くにあること

信仰を貫き、信仰のために生き抜くこと。

第4章

幸福を"科学"したアラン

――『アランの語る幸福論』を読む

『アランの語る幸福論』
大川隆法著／幸福の科学出版

ポイント① 科学的態度で不幸の原因となっているピンを発見する

第4章は、アランの幸福論を採り上げます。そのものズバリの『幸福論』を書いたことで有名な人です。幸福の科学でも、2012年に霊言を収録し、『アランの語る幸福論』として刊行されています。

ポイントは三つあります。一つ目は「科学的態度」です。

ソクラテス、イエスの幸福論に比べて、アランの幸福論は現実的です。生活に根ざした具体的な処方箋が記されているのが特徴です。アランは、生前、デカルトを非常に尊敬していました。中でも『情念論』を愛読していたようです。そのため、『幸福論』には、デカルトの『情念論』の強い影響が感じられます。大川総裁が『アランの語る幸福論』で紹介していますが、『アランの「幸福論」の読み方』を書いた加藤邦宏《くにひろ》氏は、「私の考えでは、アランは『幸福の科学』とでもいうべきデカルトの『情念論』を私たちの言葉に翻訳した」（加藤，1994）と評しています。デカルトの『情念論』もアランの『幸福論』も、「幸福の科学」なのだという見解です。

『情念論』は、驚き、愛、憎しみ、欲望、喜び、悲しみの六つの基本情念の働きと作用を分析し、その「効用」について研究した本です。避けられない苦しみの原因となる情念を、喜びに変えていく方法論を説いているのが特徴です。それは、苦しみの原因を分析して、それを取り除いていく方法論を説いた仏教の「四諦《したい》」の教え（第7章参照）を彷彿《ほうふつ》とさせるところがあります。

さて、〝幸福の科学〟をしたと言われるアランは、霊言で、日露戦争を例にとって説明しています。陸軍の間でビタミン不足が原因で脚気《かっけ》が流行った時に、「精神力の不足だ」と言って具体的な措置をとらなかったところ、多数の死者を出しました。一方で海軍は、洋食を食べていたために被害が小さかったというエピソードです。精神論だけでは解決できない不幸があるということです。この論点は、渡部昇一氏も『「日本の歴史」第5巻 明治篇 世界史に躍り出た日本』などの著作で指摘しています（渡部，2010）。

幸福の科学では、「科学」という言葉を冠していることからも分かるように、宗教ではありますが、科学的態度や合理的な考え方を大切にしています。

大川総裁は、『釈尊からのメッセージ』で、「合理主義的精神と偉大な神秘思想を同時に包み込む宗教、努力と信仰心を両立させうる宗教になることが必要」（62ページ）と述べています。実際、幸福の科学の経典には、霊界や宇宙人についての記述がある一方で、政治経済などの時事問題に関する具体的な提案も豊富にあります。他の宗教から見れば、「宗教のくせに世俗的なことばかり言っている」ように見えますし、学者から見れば、「神秘的なことばかり言って浮世離れしている」ように見えます。しかし、全体像を見れば、両方を言っていることが分かります。どちらかに偏りすぎることなく、両面併せ持っているのです。

アランの『幸福論』では、冒頭に出てくる名馬ブケファロスの譬《たと》えが有名です。アレクサンドロスの父フィリポス2世に献上された名馬なのですが、暴れて誰も御《ぎょ》することができませんでした。それを見たアレクサンドロスが「自分の影に怯《おび》えて暴れているだけだ」と見抜き、下を見ることができないように馬の首を太陽に向けたところ、大人しくなったという話です。多くの人が「気性の荒い馬だ」と思っていたところに、アレクサンドロスだけが自分の影に怯えて暴れているだけだと洞察したわけです。父親のフィリポス2世は、それを見て「お前は世界を制覇する人物になる」と言ったと伝えられています。

泣きやまない赤ちゃんの話も有名です。あやしても、お乳をあげても、食べ物を与えても泣きやまない。しかし、よく見れば、赤ちゃんの服に留めてあるピンが体に当たって痛がっていただけだったというものです。

この二つの譬えから得られる教訓について、アランは霊言でこう述べています。

われわれは、不安を抱きやすい生き物ですけれども、それを、ただただ膨らませていくだけではなくて、もう少しそれを分析し、解決していこうとする主体的な努力が必要です。その努力のことを「認識」、あるいは、「認識力」と言うべきだと思うんですよ。

『アランの語る幸福論』49ページ

つまり、「認識力」が高まれば、不安は解消できるということです。アランは、「『認識力』とは、『問題の所在を分析していくことによって、一つひとつ対処法を築いていくこと』」（『アランの語る幸福論』53ページ）と定義しています。不安や不幸の原因となっている「ピンの発見」が大事だということです。

私も中学時代に、「ピンの発見」ができなくて苦しんだことがあります。塾に通っていたのですが、成績が伸びないのです。なんて頭が悪いんだろう、なんて記憶力が悪いんだろうと悩んでいたのですが、ある日、塾の先生に指摘されました。

「あなたの成績が伸びないのはノートの取り方が悪いからだ。先生の言っていることを始めから終わりまで全部書こうとして、ぐちゃぐちゃになっている。だから後から読んでも全然分からない。重要なところだけ書き留めればいいのだ」と言われ、「あ、そうだったのか!」と思いました（笑）。正直、泣きそうになるぐらい悩んでいたのですが、ノートの取り方が悪かっただけなのかと思って、随分気持ちが楽になり、成績も改善しました。

本人にとっては深刻な悩みでも、案外、何ということもないところに原因があったりするので、問題がどこにあるのか、よく分析することは、意外に大事なことです。大川総裁も、「アランの幸福論」に関連して、以下のように述べています。

特に、精神的に生きる人はフィジカルな原因を無視しがちであり、「どのような環境でも強くないといけない」というような考えを持つものです。しかし、実際は簡単なこの世的な理由で、そうなる場合もあるのです。それを知ってしまえば、あまり長く悩んだり深刻に悩んだりすることはバカバカしいことであるので、「それを軽く受け流して生きていく、人生の〝遊泳術〟を身につけたほうがいい」ということを、アランは無責任な高校教師の立場で書いています。

しかし、これで結構救われる面があります。

『「比較幸福学」入門』83ページ

私自身、目の前のことに真剣になりすぎて、硬直化して行き詰まることが多いのですが、アランのような自由でウィットに富んだ発想で「観《かん》の転回《てんかい》」をしていくことで、「新しい道」を開いていくことが重要であると深く感じています。

ポイント② 運命を甘受《かんじゅ》する勇気と忍耐力

二つ目は、「運命を甘受《かんじゅ》する勇気と忍耐力」ということです。

アランの『幸福論』の「勝利」という節には、「もしあなたの外部に、世間のなかに幸福をさがすようであれば、なにものもけっして幸福のかたちをとらないであろう」と書かれています。そして、「それはつまり、あなたがすでに幸福をもっているということなのだ」と言葉を継《つ》いでいます。

幸福は、今、自分が持っているものの中でしか感じることができません。

「あの人のような有名人になりたい」

「あの人のように可愛い彼女がほしい」

「あの人のような財産がほしい」

このように、自分が今持っていないものに幸福を求めても決して幸福にはなれません。そうではなく、今、自分に与えられているものに幸福を求めれば、今すぐ幸福になれるわけです。

『アランの語る幸福論』では、「『自分で変えられるものは変え、変えることができない運命については、それに従え』という態度もありますわね。これを受け止め、受け入れるわけです。／例えば、寿命を延ばそうとしたって、百歳から先へ延ばすのは、なかなか大変であるように、変えられない運命もあるかもしれない。これについては、甘受するだけの勇気と忍耐力が必要でしょうね」（56 - 57ページ）という言葉も出ています。

大川総裁は、『幸福の法』で、「努力しても変えられないものに対しては、淡白であることが大事です」（201ページ）と説いています。

努力して得られることは、どんどん求めていけばいいと思います。しかし、例えば、今からプロのサッカー選手になれるかどうかといった場合、客観的に見て、努力でできる範囲を超えるものについては、執着しないで開き直ることも大事です。

ポイント③ 幸福は自分の意思で決まる

三つ目は、「幸福は自分の意思で決まる」ということです。

外部環境は変えることはできませんが、自分の内面は、自分で変えることができます。幸福や不幸といったものは、主観的な感覚です。したがって、幸福になるかどうかは、自分で決められることになります。アランの『幸福論』では、「幸福たらんと欲しなければ絶対に幸福にはなれぬということだ。それゆえ、自分の幸福を欲し、それをつくらなければならない」と述べています(「幸福たるべき義務」)。

この具体論として、『アランの語る幸福論』には、次のような言葉も紹介されています。

「人間は、幸福になろうと思えばなれる。豊かになろうと思えばなれる」

『アランの語る幸福論』22ページ

また、アランは、同書で「『ウィットの精神』を持たなければいけない」(71ペにするには、ユーモアが大事だということです。つまり、幸福になるには、あるいは、他の人を幸福にするには、ユーモアが大事だということです。

　１９８０年代にアメリカの大統領を務めたレーガンの有名なエピソードがあります。１９８１年のことですが、銃撃されて重傷を負い、病院に担ぎ込まれて緊急手術を受けることになりましたが、レーガン大統領の意識はハッキリしていたため、医師らに向かって、「君たちが共和党員だといいのだが」とジョークを飛ばしたというものです。レーガン大統領は共和党ですから、医師が政敵である民主党員なら、わざと手術に失敗して殺されてしまうと大変だというわけです。医師たちは、「今日一日は共和党員です」と答えたと言われます。また、駆けつけた妻には、「ハニー、（銃弾を）よけるのを忘れていたよ」と言ったそうです（アメリカの有名なボクサー、ジャック・デンプシーが試合で敗れた時に妻に語った言葉に倣《なら》ったもの）。死ぬかもしれないという時でもユーモアを忘れなかったわけです（ワプショット，２０１４）。

リンカン大統領にもユーモアにまつわるエピソードがあります。ある時、政敵に「リンカンは言葉だけの、二つの顔を持つ二重人格者です」と責められたことがあります。その時に、「もし私が二つ顔を持つ男なら、今日のような重要な日に、なぜこのような格好悪い顔で出てきたのでしょう?」と答えたそうです。リンカンは〝醜男《ぶおとこ》〟として知られていましたから、「二つ顔があるなら、もっとイケメンの顔を選んでいるよ」という意味です。自分が〝醜男〟であることを逆手《さかて》にとった絶妙な切り返しで、議論を自分に有利なほうに持っていったと言われます(クゥアン,2010)。

アランはまた、『幸福論』の最後で、「悲観主義は気分のものであり、楽観主義は意志のものである」(「誓うべし」)と書いています。これは一生覚えておくべき言葉でしょう。

人生を生きていれば、どうしても苦しいことや悲しいことは避けられませんから、自然と悲観的になってしまうことがあります。放っておくと気分はどんどん落ち込んでいくものです。だからこそ、意志の力で、努力をして、楽観的になっていく必要があるわけです。

リンカン大統領は、実は20代からうつ病で苦しんでいました。自殺願望があって、銃を持って森の中に入ったりしたこともあるほどです。

それでも後年、大統領として活躍できたのはなぜでしょうか。常に、大きな理想、大きな志を胸に抱いて、努力を重ねたからです。ふさぎ込んで死にたくなる時もあったのですが、そういう時に、大きな理想や夢を描きました。黒人を解放するとか、誰もが平等なアメリカ社会を創るという理想です。そうしてうつ病を克服しました。全ては、意志の力によって成し遂げられたわけです。

大川総裁は、『成功の法』の中で、「笑顔は努力に比例する」（87ページ）、「悲観的な言葉は出してはいけない」（95ページ）と説いています。いずれも強い意志で努力をすれば、幸福になれるという趣旨です。

そもそも、努力しないで得られる幸福はたいしたことがありません。アランが

『幸福論』で「人は棚ぼた式の幸福をあまり好まない。自分でつくり上げることを欲するのだ」(「行動する」)と書いている通りです。

これは、まさに「自助論」の教えです。自分で苦労して乗り越えて、そうして得た幸福こそが「最高の幸福」だということです。

ソクラテスやキリスト、ヒルティと比べれば、アランの幸福論は、あまり霊的ではありませんが、合理的に考えて幸福を実現していく考え方も大切です。現実の人生を見据《みす》えた知恵が詰まっているので、学ぶ価値が高いと思います。

三大幸福論の評価とその他の幸福論

以上、ヒルティとアランの幸福論について見てきました。なお、『幸福論』と言えば、ラッセルの『幸福論』も有名ですが、大川総裁の評価は厳しめです。『人間学の根本問題』で次のように述べています。

この人は哲学者にして数学者であり、基本的に浮かんでくる像は、やはり、無神論的・唯物論的幸福論のように見えるので、「無神論的唯物論を背景にし、この世限りで生きている人間、肉体を持ち、仕事を持っている人間の、ものの見方、考え方」にとどまっているように見えて、しかたありません。

『人間学の根本問題』28ページ

幸福について論じた本は、三大幸福論以外にも数多くありますが、玉石混淆《ぎょくせきこんこう》です。大川総裁が注目すべき本として、『「比較幸福学」入門』で採り上げているのは、ほかにショーペンハウエルの『幸福について』やヘルマン・ヘッセの『幸福論』、『知的生活』で有名なハマトンの『幸福論』などです。「幸福」という名称ではありませんが、ストア派の哲人として有名なエピクテトスの『人生談義』も勧めています。三大幸福論と併せて、読み進めるとよいでしょう。

アランの幸福論 3つのポイント

第1のポイント

科学的態度で、不幸の原因となっているピンを発見する

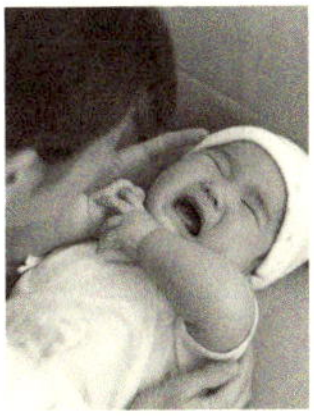

第2のポイント

運命を甘受する勇気と忍耐

自分が今持っていないものに幸福を求めるのではなく、
変えられない運命は受け入れる。

第3のポイント

幸福は自分の意思で決まる

意思の力で、努力して、楽観的になる。
幸福は自分でつくり上げる。

第5章

年代別幸福論

――『孔子の幸福論』を読む

『孔子の幸福論』
大川隆法著／幸福の科学出版

「枢軸《すうじく》の時代」は神の計画だった？

第5章では孔子の幸福論を考えます。

第1章で採り上げたソクラテス、第2章のキリスト、第7章の釈尊、そして本章で採り上げる孔子の4人は、一般に「世界の四大聖人」と呼ばれています。2000年以上にわたって人類が尊敬してやまない4人ということです。

興味深いことに、四大聖人のうち、イエス・キリストだけが少しずれていますが、3人までが同時代の人です。ギリシャ、インド、中国と場所は違いますが、ソクラテス、釈尊、孔子はほぼ同時期に活躍しています。

この不思議な現象に着目したのが哲学者のカール・ヤスパースです。その主著である『歴史の起原と目標』で、次のように述べています。

この時代には、驚くべき事件が集中的に起こった。シナでは孔子と老子が生まれ、シナ哲学のあらゆる方向が発生し、墨子や荘子や列子《れっし》や、そのほか無数の人びとが思索した、――インドではウパニシャットが発生し、仏陀が生まれ、懐疑論、唯物論、詭弁《きべん》術や虚無主義に至るまでのあらゆる哲学的可能性が、シナと同様展開されたのである、――イランではゾロアスターが善と悪との闘争という挑戦的な世界像を説いた、――パレスチナでは、エリアからイザヤおよびエレミアをへて、第二イザヤに至る予言者たちが出現した、――ギリシャでは、ホメロスや哲学者たち――パルメニデス、ヘラクレイトス、プラトン――更に悲劇詩人たちや、トゥキュディデスおよびアルキメデスが現われた。以上の名前によって輪廓《りんかく》が漠然とながら示されるいっさいが、シナ、インドおよび西洋において、どれもが相互に知り合うことなく、ほぼ同時的にこの数世紀間のうちに発生したのである。

ヤスパース『歴史の起原と目標』

ヤスパースは、この奇跡の時代を「枢軸《すうじく》の時代」と呼びました。枢軸とは、元々「回転軸」という意味で、紀元前５００年前後を境に、世界の歴史が回転したということです。

大川総裁も『ソクラテスの幸福論』の中で、次のように述べています。

今から二千五百年ぐらい前には、偉い人が東西にたくさん生まれ、人類を変えようとしました。このころには、仏陀も生まれていますし、孔子も生まれていますし、ソクラテスも生まれていますし、いろいろな方が生まれていますが、「こういう人たちが生まれたことで、一つの時代ができ、その後の二千数百年の流れができたのではないか」とは言われています。この時期は、そういう重要な転機かと思われます。

『ソクラテスの幸福論』39 - 40ページ

幸福の科学の歴史観を体系的に示した『黄金の法』でも次のように指摘しています。

ソクラテスは、紀元前五世紀の人です。インドでは釈迦が、中国では孔子が、活躍していた時代とほぼ同時期にあたります。仏の計画は、いつもこのように、新しい時代が始まるときには、多数の高級諸霊を地上の各地に、集中的に出しているのです。ひとつの時代が終わる頃にも、同じことが言えます。

『黄金の法』78 - 79ページ

幸福の科学では、転生輪廻《てんしょうりんね》の教えが説かれています。転生輪廻とは、人は、魂修行のために、繰り返し地上に生まれ変わっているという考え方です。転生輪廻の思想を前提にすると、歴史は偶然生まれ合わせた人たちによって無計画に展開するものではなく、地上に生まれ変わる前に、何らかの意図や計画があったという歴史観に到達します。

すると、なぜ、「枢軸の時代」に、歴史に聳《そび》え立つような偉人が集中して生まれたのかが見えてきます。それは「仏の計画」だと言えます。

ヘーゲルも、『歴史哲学講義』で「世界を支配するのは神であり、神の支配の内容、ないし、神の計画の実行が世界史なのです」（長谷川訳，１９９４）と、同様のことを述べています。つまり、歴史は、偶然の事件の積み重ねで展開しているわけではなく、神の意図なり計画があって展開しているというわけです。この前提に立てば、「枢軸の時代」というのは、まさに、その後の数千年の歴史を創るための「神の世界計画」であったという解釈が成り立つわけです。

儒教は宗教か？

では、その「枢軸の時代」の中心人物の一人であった孔子は、どのような人物だったのでしょうか。

孔子は、紀元前6世紀から5世紀にかけて活躍した思想家で、言うまでもなく儒教の祖です。その思想は、孔子の言行録である『論語』に紹介されていますが、「君子のあり方」や「人間完成の道」を説いています。

儒教が宗教か否かについては議論があるようです。『論語』第四巻の「述而《じゅつじ》」に「子《し》、怪力乱神《かいりきらんしん》を語らず」という有名な言葉があります。「先生が怪異、暴力、乱逆、鬼神《きしん》について講釈されたことはなかった」という意味です（貝塚訳，1973）。

「鬼神」とは、「荒々しく恐ろしい神」とか「霊魂」を意味する言葉です。それを語らなかったということであれば、宗教ではないという見方が成り立つわけです。

しかし、中国の古代文字の研究家として有名な白川静博士は、孔子の出生について、「孔子は巫女《みこ》の庶生子《しょせいし》であった。いわば神の申し子である」（白川，1991）

と述べています。巫女というのは、霊を降ろして、神の言葉を取り次ぐ仕事です。その母に育てられたのであれば、孔子自身は、霊的現象についてはよく知っていたはずです。つまり、孔子は霊的現象について多くは語らなかったが、霊的現象そのものを否定したわけではないということです。

仏教でも『箭喩経《せんゆきょう》』に似たような話があります。ある青年が「死後の生命があるかないか」と釈尊に問いかけたのですが、「修行の役に立たない議論はするべきでない」と答えたというエピソードです。これを「無記《むき》」といって、霊魂否定説の根拠にされることがありますが、別の経典では悪魔マーラとの戦いなど、霊的現象の記録も豊富に遺《のこ》っており、釈尊が死後の生命を否定していないことは明らかです（注1）。

大川総裁は、白川説を踏まえて、孔子の宗教性について、次のように指摘しています。

神降ろしをする巫女さんが産んだ子供であるならば、孔子が霊的なものを理解していないとは考えられません。

それから、孔子の思想のなかには「天」という言葉が出てきますが、これは「神」に代わる言葉でしょう。「天帝」などを意味する、「天」という言葉が出てきているのです。

また、孔子が、「君子」について、「天の意志を受けて地上を治めるべき人」という考え方を持っていたことを見れば、孔子の思想は、宗教的な教えと、そう大きな違いはないのではないかと思われます。

孔子の思想として文字で遺っているものを見ると、政治色が強いために、宗教色は弱くなってはいますが、儒教でも、人が死ぬと、とても麗々《れいれい》しく葬儀を行うので、仏教の大々的な葬儀と、そう大きく変わらないところもあるのです。

『孔子の幸福論』24-25ページ

宗教学者の島薗進《しまぞのすすむ》氏も「『天』は一神教の『神』に相応するような存在で、宇宙の聖なる秩序をつかさどっている超越的存在だ」として儒教を宗教と見なす議論があると言っています。また、島薗氏は、アメリカの哲学者フィンガレットが、儒教の「礼」こそが「聖なるもの」であるとして、その宗教性を示していることも指摘しています（島薗，２００８）。

また、エリアーデの『世界宗教史Ⅱ』でも、「孔子は、直接、間接に、中国の宗教に根本的な影響を与えた。事実、その道徳的・政治的改革のほんとうの源泉は、宗教的なものである」（島田他訳，１９９１）と分析しています。

少なくとも孔子の思想は、２０００年以上にわたって遺《のこ》り、近年に至るまで政治や経営の世界のリーダー論として活用されているという現実を見ると（注２）、世界宗教というに相応《ふさわ》しい影響力を持っていると言えるかと思います。

正論の人だった孔子

孔子は、長く諸国を放浪した人です。君主にアドバイスをしたり、弟子を政府のブレーンとして派遣したりしました。生まれ故郷の魯《ろ》の国では大司寇《だいしこう》（司法大臣）を務めたこともあります。その時の興味深いエピソードがあります。

孔子のいる魯の国と斉《せい》の国が和平のための会合を開くことになったのですが、斉の役人の指示で、剣や矛《ほこ》を持って舞ったり、道化役がおどけた身振りで踊ったりしはじめました。その度に孔子が進み出て、毅然としてその非礼を咎《とが》めたのです。それを見た斉の景公《けいこう》は、恐れと動揺を覚え、道義の問題ではとても魯に及ばないと悟り、以前魯の国から奪った三つの田地を返却し、謝罪の意を示したのでした。これは有名な『史記世家』（小川他訳，１９８２）で描かれている話です。

魯は小国で、斉は大国です。小国の一大臣が、大国のトップを相手に一歩も引かずに談判を繰り返し、相手の謝罪を引き出した上、領地まで奪い返したわけです。

勇気のある正論の人だったことが分かります。

また、『論語』には、弟子との問答が数多く紹介されていますが、非常に情愛の強い人物であることが伝わってきます。

ちなみに、孔子が最大の徳目とした「仁《じん》」は、白川静博士の説によれば、孔子が発明した言葉だそうです（白川，１９９１）。

ポイント① 学び続ける人間になる

さて、孔子の幸福論には、三つのポイントがあります。

はじめのポイントは、「学び続ける人間になる」ということです。孔子の思想において「学ぶ」ということは中核の教えとなっています。

『論語』の冒頭にはこうあります。

子曰く、学んで時に習う、亦説《またよろこ》ばしからずや。

（先生が言われた。ものを教わる。そしてあとから復習する。なんと楽しいことではないかね）

『論語』

いきなり、第一句が「学ぶことは楽しい」です。これは単に孔子が勉強好きだったという単純な意味ではありません。孔子は、一方で学びの道が簡単ではないことや努力の大切さを説いています。努力には厳しさが伴いますから、その厳しさを乗り越えて人間が成長していく過程において、本当の楽しみがあるという意味でしょう。

ちなみに、幕末に横井小楠《しょうなん》が学んだことで知られる熊本の藩校・時習館《じしゅうかん》は、この『論語』の冒頭の言葉から取ったものです。

『孔子の幸福論』では、孔子は、教師の心得として、学び続けることの大切さを次のように述べています。

やはり、「学を好む者」が指導者としていなければ駄目です。学びというものを通して喜びを感じ、学びというものを通して自分の成長を幸福と感じる人。すなわち、学びというものを通して、自己の認識力や理解力等を高め、それをもって自己の成長と考えて、喜びを感じる者。そうした、「学びを喜びとする者」が上にいなければ、教わる側の学生、生徒たちも、そう幸福ではなかろうね。

『孔子の幸福論』56‐57ページ

この「学びというものを通して自分の成長を幸福と感じる」という思想は、孔子の幸福論の中核とも言える考え方だと言えます。では、なぜ、学ぶことが「幸福」なのでしょうか。大川総裁は『不動心』で、次のように指摘しています。

結局、知識の集積は、自分を知り、他人を知り、世界を知るうえで、すなわち、仏の創られた世界を理解するうえで、非常に大きな力となるのです。

それでは、自分や他人、世界を知ることによって、何が得られるのでしょうか。それは「幸福感」です。

知ることは一つの喜びです。分かる範囲が広がることによって、それだけ自分の世界が広がるのです。

たとえば、「自分は蟻になりたい」と思う人間は、おそらくいないでしょう。なぜでしょうか。それは結局、世界観の問題だと思います。

蟻の持っている世界観と、人間の持っている世界観には、非常に大きな隔たりがあります。人間が思っているようなことを、蟻は考えることも認識することもできません。その違いゆえに、人間は人間であることを望み、蟻になりたいとは思わないのではないでしょうか。

『不動心』46－47ページ

人間として生まれて、学ぶことができる喜びをかみしめることが、人間であることの根源的な幸福であるということです。

ポイント②立志《りっし》

次のポイントは、「立志《りっし》」です。

『孔子の幸福論』では、こうあります。

まず、若い人にとっての幸福論は、やはり、「志」の問題かな。立志だね。立志が幸福論につながっていく。

つまり、どのような志を持つかだ。その志というのは、人生の方向だな。

人生の方向性をどう打ち立てるかが大事だよ。この立志のところで誤りを犯しておれば、あなたがたが言う幸福は来ないであろうな。

立志において、例えば、何でもよいのだけれども……、まあ、日本に入ってきた儒教の流れのなかにも、いろいろな違いがあるわな。

なかには、任侠道《にんきょうどう》を説いているような者もいるわけで、十代から暴走族や暴力団の下部組織のようなものに入り、入れ墨を彫って暴れてみたり、暴力をも辞さない極端な右翼になっていったりするような者もいるからね。

それには、少し道を取り違えているものがあると思うけれども、「志が何であるか」ということは大事だろうね。

『孔子の幸福論』35 - 36ページ

立志は、『論語』の第一巻為政《いせい》篇に出てくる言葉です。

子曰く、吾十有五《われじゅうゆうご》にして学に志し
（先生は言われた。私は15歳で学問に志した）

『論語』

非常に有名なフレーズです。若くして志を持てということですが、大川総裁は、志を持つことの大切さをこう説明しています。

理想を描く能力、志を持つことができる能力、これは、人間として生まれて生きていくなかでの、最大の才能の一つでもあるのです。

『人生の王道を語る』110ページ

同じ環境にいても、大きな志を持てる人と持てない人とがいます。才能以前の問題として、どういう人になりたいと考えるかで、人生の命運は大きく違ってくるということです。

例えば、大川総裁は、「世界宗教を目指す」「ハーバードを超える大学を創る」というように、常に高い理想を掲げ、一歩も引くことはありません。常人であれば、理想を自分のサイズに引き下ろしてしまうことが多いでしょう。大川総裁の高く、堅固なる「志」に幸福の科学の発展の原動力の一つがあるように思います。

青年の特徴は、理想を持ち続けられることにあります。理想を失ったら、それはもはや青年ではありません。逆に、理想を持ち続けられるならば、その人は「永遠の青年」だと言えるのです。

「高貴なる義務を果たす」という志を持て

では、具体的には、どのような志を持つべきなのでしょうか。

『教育の法』には、次のような言及があります。

やはり、「自分たちで、この国をよくし、世界をよくしていく」という、強い決意を持たねばならないと思います。

そのためには、高貴なる義務、ノーブレス・オブリージ（高い地位や身分に伴う義務）を感じる人を育てなければいけません。（中略）

そういう教育を受けた人たちは、「この国を超え、他の国の人たちをも助けていこう」という高い志を持たなければいけないと思います。私は、そうした、高い志と強い情熱を持った子供たちを育てていきたいのです。

『教育の法』229‐230ページ

「高貴なる義務（ノーブレス・オブリージ）」は、幸福の科学の学園事業におけるキーワードとなっています。

幸福の科学学園では、「ノーブレス・オブリージ（高貴なる義務）」という少し難しい言葉も使っています。つまり、「周りからエリートとして認められるような人には、高貴なる義務が伴うのだ。やはり、人間は自分のためだけに生きてはいけない。世の多くの人たちから尊敬され、認められれば認められるほど、世の中のために尽くさなければならないのだ」ということを教えています。

これは、古い言葉で言えば、日本の武士道精神かもしれませんし、ヨーロッパ的に言えば、騎士道精神かもしれません。いずれにせよ、「日本のために、世界のために、何かをお返ししていこう」と思う人たちをつくっていきたいと願っているのです。

『教育の使命』51 - 52ページ

「ノーブレス・オブリージ」については、スペインの哲学者オルテガが『大衆の反逆』で述べている次の一説が有名です。

高貴さは、自らに課す要求と義務の多寡によって計られるものであり、権利によって計られるものではない。まさに貴族には責任がある（noblesse oblige）のであり、「恣意《しい》につきて生くるは平俗なり、高貴なる者は秩序と法を求む」のである。

オルテガ『大衆の反逆』

この「ノーブレス・オブリージ」の精神は、幸福の科学大学においても大事にしていきたいと思います。

ちなみに、「ノーブレス・オブリージ」という言葉は、新渡戸稲造も『武士道』という有名な著作の中で、武士道の説明として使っています。

ブシドウは字義的には武士道、すなわち武士がその職業においてまた日常生活において守るべき道を意味する。一言にすれば「武士の掟」、すなわち武人階級の身分に伴う義務（ノーブレス・オブリージ）である。

新渡戸稲造『武士道』

立志と言っても、「一生遊んで暮らせるお金がほしい」「召使が何十人もいるような豪邸に住みたい」というような志では、少し寂しいものがあります。孔子の言う「立志」とは、そういう意味ではなく、人間として成長していく喜びを伴うものであり、人の上に立つにしても、多くの人を幸福に導くようなものを意味しているはずです。

ポイント③ 年代別の幸福論

三番目のポイントは、年代ごとの幸福論を説いたことです。

『論語』には、前述の「立志」の節でも少し紹介しましたが、次の有名な文句があります。

子曰く、吾十有五にして学に志し、三十にして立ち、四十にして惑わず、五十にして天命を知る。六十にして耳順《したが》う、七十にして心の欲する所に従いて矩《のり》を踰《こ》えず。

（先生が言われた。「わたしは15歳で学問に志し、30歳で一本立ちとなり、40歳で迷いがなくなり、50歳で天から与えられた使命をさとり、60歳で人のことばをすなおに聞けるようになり、70歳で自分の思うままに行ってもゆきすぎがなくなった」）

『論語』

これは、まさに年代別の幸福論を説いたものと言えます。含蓄《がんちく》のある言葉ですので、その意味するところは、深いものがあります。

『孔子の幸福論』でも、『論語』の言葉に合わせるように、年代別の幸福論が簡潔に紹介されていますが、80歳、90歳の幸福論が加わっています。ポイントを拾って列挙してみると、次のようになります。

・若い人にとっての幸福論は、やはり志の問題かな。立志だね。立志が幸福論につながっていく。
・次は、「三十にして立つ」ということになりますが、やはり、三十歳では、一人前になることを目標とすべきだろうね。
・さらに「四十にして惑わず」ということもある。

（中略）ここで、人間としての器量、器というものが、だいたい見えてくる。

・さらに、五十には五十の幸福論がある。

（中略）五十歳というのは、一つの専門家としての完成のときかなあ。四十歳にして不退転《ふたいてん》でなければいかんと思うが、五十歳では、専門家として完成し、その道で一流になっていなければいけないね。

・六十歳にして、まだ学ぶ心を忘れない者には、それから先に、晩年の大成が待っていると私は思う。

つまり、六十歳にして、まだ、自己投資というか、自分自身の将来に対する努力研鑽を忘れない人は、さらに豊かな完成期の晩年を持つことができるだろう。

・七十歳では、「心の欲するところに従って矩を踰えず」ということで、晩節を汚さない生き方ができることが大事だね。

・八十歳の幸福論というのは、まずは、「まだ、自分でしっかり体を動かすことができ、頭もボケていない状態で、いろいろなことが認識できる」ということだね。

・この世的には完成した方であって、「九十五歳にして、まだ仕事をし、惜しまれつつ世を去っていける」というぐらいの人は、孔子的に言えば、「君子」と言ってもよいのではないかねえ。君子でなければ、「聖人」だな。

『孔子の幸福論』35 - 51ページ

本多静六《ほんだせいろく》の年代別幸福論

人生を段階ごとに区切って、人生の指針を適切に変えながら、生きていくという考え方は、非常に有益です。

80代、90代の幸福論は極めて珍しい論点ですが、本章で引用している白川静（享年96）をはじめ、ドラッカー（享年95）、松下幸之助（享年94）など、実例が豊富にありますので、興味のある人は、こうした人たちの人生を年代別幸福論の観点で分析していくと面白いかもしれません。

ここでは実践例として、本多静六《ほんだせいろく》を採り上げます。「公園の父」「蓄財の神様」と言われ、120歳までの人生計画を立てたことで知られます。「120年計画」の概要は次の通りです。

・第一、教練期（6-20歳）人間らしく働くための準備
・第二、勤労期（21-65歳）身のため国のために働き、名利《みようり》を蓄積する
・第三、奉仕期（66-85歳）名利を超越して、世のため人のために働く
・第四、老楽期（86-120以上）働学併進《どうがくへいしん》、努力道楽の晩年を楽しむ

『人生計画の立て方』（本多，2013）という本に紹介されているものですが、非常に参考になります。これも一種の「年代別幸福論」と言えるかもしれません。

ちなみに、本人は、大変な努力家で、地道に積み上げていって、学者として成功し、蓄財に成功し、生涯で数百冊もの著作を遺していきます。その成功の多くは、年代別の人生計画に負っていると言えます。さすがに１２０歳まで生きることはありませんでしたが、当時としては長命の86歳で亡くなりました。

幸福の科学の年代別ユートピア論

最後に、大川総裁が『ユートピア価値革命』で、年代別のユートピア論を説いていますので、併せて紹介しておきたいと思います。

以下は、ポイントを列挙したものです。

・若年層（25歳ぐらいまで）　この層に「愛なき人生は不毛である」「人間は永遠の生命を生きている」「世の中の進歩につながる仕事をせよ」の三点を

教育で教えることがユートピアにつながる。

・中堅層（30代から40代）　日本をつくり、世界を動かしているのは、この層であり、自分の思いと行いに責任を持つべきである。その使命を自覚し、自己の生き方を客観視し、自分で自分を律する習慣が必要。

・壮年・高年層（50代以降）　自分のために働く時代は終った。これからは奉仕の人生だと考えなければならない。

『ユートピア価値革命』第二章よりポイント抜粋整理

ごく簡単ではありますが、大川総裁の年代別ユートピア論を、孔子、本多静六と年代別幸福論を比較してみると、それぞれに通ずる部分が見えてくると思います。年代別に幸福論を変化させていく考え方は、人生の智慧として知っておくべきものではないでしょうか。

孔子の幸福論 3つのポイント

第1のポイント

学び続ける人間になる

学び続け、成長していく過程に、本当の「幸福」がある。

第2のポイント

「志」を立てる

高次なる理想を持ち続ける。

第3のポイント

年代別の幸福論

若い世代 ……志を立てる。
30代 …………一人前になる。
40代 …………人間としての自分の器量が見え、不退転になる。
50代 …………専門家として完成し、その道で一流になる。
60代 …………学ぶ心を忘れず自己研鑽を続ければ豊かな完成期の晩年をもつ。
70代 …………晩節を汚さない生き方。
80代 …………自分で体が動かせ、頭がボケていない状態で、いろいろなことが認識できる。
90代 …………仕事を続け、惜しまれて世を去る。聖人君子。

年代別幸福論の比較

	孔子の幸福論	本多静六		年代別ユートピア論※	
20代	立志	教練期	人間らしく働くための準備	若年層	「愛」「永遠の生命」「世の中の発展につながる仕事をせよ」ということを学ぶ
30代	一人前になる	勤労期	身のため、国のために働く	中堅層	・思いと行動に責任を持つ ・真実のものを選び取り、社会をつくり変える
40代	不退転になる				
50代	その道で一流になる			壮年・高年層	奉仕の人生
60代	学ぶ心を忘れない				
70代	晩節を汚さない	奉仕期	世のため、人のために働く		
80代	健康でボケない				
90代	生涯現役、惜しまれて世を去る	老楽期	努力道楽の晩年		

※参考『ユートピア価値革命』

（注1）「無記」の真意については、『悟りの挑戦（上巻）』156-161ページに詳しい。悪魔マーラとの戦いについては、渡辺照宏『新釈尊伝』などを参照。

（注2）政治家で言えば中曽根康弘元首相は、「DIAMONDハーバード・ビジネス・レビュー」2009年10月号のインタビューで『論語』に学んだことを述べている。また、実業家の北尾吉孝氏や渡邉美樹氏などは『論語』に関する著作がある。

第6章

イスラム世界の幸福とは

――『ムハンマドの幸福論』を読む

『ムハンマドの幸福論』
大川隆法著／幸福の科学出版

イスラム世界の幸福論とは

第6章は、『ムハンマドの幸福論』です。

日本人にとって、イスラム教は馴染みが薄いかもしれません。一部の過激派による自爆テロなどの影響で、悪いイメージを持っている人も多いでしょう。本章ではイスラム教の真実に触れていただきたいと思います。

言うまでもなく、ムハンマドはイスラム教の開祖です。6世紀から7世紀にかけて活躍した人で、メッカの出身です。青年期は隊商をしていましたが、40歳の時にヒラー山の洞窟でアッラーの啓示を受けます。その後、迫害を受けてメジナに逃れますが、630年にメッカを占領し、アラビア半島を統一しました。ここから後のイスラム帝国の興隆が始まっていきます。

したがって、ムハンマドは、商人出身でありながら、啓示を受けて宗教家になり、さらには戦に勝って国を興すことにも成功したことになります。

開祖の経歴の影響もあって、イスラムの世界では、宗教と政治、宗教と生活が密接に繋がっていますから、そのイスラム教徒の幸福はイスラム教の宗教としての特性に強い影響を受けることになります。

そこで、『ムハンマドの幸福論』については、イスラム教の特徴を通じて分析していくことが重要になります。

ポイントは三つあります。

ポイント① 神の前の平等

一つ目のポイントは、「神の前の平等」という考え方です。

イスラム教の特徴は、まず、一神教であるということが挙げられます。

ムハンマドは、メッカを占領した時に、カーバ神殿に進み、「アッラーフ・アクバル（神は最大）」と叫び、神は最高にして唯一のものであると宣言しました。そして、カーバの偶像を破壊しています（ゴードン，２００４）。アッラー以外の神を認めないことを明らかにしたわけです。大川総裁は『宗教社会学概論』で、イスラムにおける一神教の意味を次のように解説しています。

「アッラー」という言葉そのものは、「神」という意味ですが、「アッラーしかないのだ。アッラー以外の神は偽物なのだ」ということで、一神教を立てています。ユダヤ教とイスラム教には、「一神教を立てる」という面が、非常に明確に出ています。そして、それ以外のものを否定します。

これはもちろん、「ムハンマドがアッラーの啓示を受けて、『コーラン』という基本的な教えができた」ということがもとになっているわけですが、ムハンマドは「唯一神信仰」ということを強く打ち出しました。打ち出さざるを得なかった面もあります。

もともとムハンマドは、メッカの名門のクライシュ族に生まれました。メッカでは、神様が三百六十ぐらいいたと言われています。いろんな門柱に、いろんな神様を祀《まつ》っているような状態でしょうか。それぞれの名門家の守り神みたいな神様が、たくさんいたわけです。

このメッカで、アッラーの一神教を説いたために、彼は迫害され、メジナのほうに転戦しなければいけなくなりました。そのメジナで敵を迎え撃ち、最後にはメッカまで攻め上って占領し、統一国家を建てました。

イスラム教には、そうした戦争と関係のあるところで、一神教としての面が非常に強く出ています。ムハンマドは、メッカの勢力に勝つためにも、自分の出身のメッカで信仰されている、いろんな神々を打ち壊す必要がありました。その意味で、偶像崇拝を否定し、祀られている神様方を壊していったわけです。

『宗教社会学概論』63-65ページ

一神教には、他の宗教に対する排他性があり、それが戦争の原因になったりします。しかし一方で、人間の延長線上にある神ではなく、人間としては隔絶した偉大な存在としての神という位置づけから、非常に力強い信仰を生み出すところがあります。

また、『一神教vs多神教』の著者で心理学者の岸田秀《しゅう》は、「一神教は被差別者や逃亡奴隷の宗教であった」と指摘しています。そのため、虐《しいた》げられた者の救いとして、時にはドジをやらかす人間的な多神教の神々と比べて、「一神教の神は絶対的で全知全能となる」と分析しています（岸田，2013）。

こうした「神の絶対性」は一種の「平等思想」をもたらします。神に比べれば、人間同士の間にはたいした差はないという考え方です。

ムハンマド自身は、霊言『ムハンマドの幸福論』において、次のように述べています。

「神が、世界を創られて、万物を創られた」というのであれば、「神と人間とが同等」ということは、やっぱりありえないことです。

「人間の間にも違いはあるけれども、その差は小さいものと考えられるが、神と人間との間には、ものすごい差があるべきである」ということですね。

その意味で、神の「絶対性」と「至高性《しこうせい》」というものを非常に強く表現すると、どうしても、神の前では、人間は、やはり己を低くして存在せねばならないのではないでしょうか。

もちろん、各人に違いはあるかもしれないし、金持ちも、そうでない人もいる。地位のある人も、ない人もいる。国王や大臣から一般庶民まで、差はあるかもしれないけれども、「唯一なる神」の前では、みんな、頭《あたま》、頭《こうべ》を垂れ、己を低うく低うく低うくして、ひれ伏す。これは、あなたが言う「服従」の姿だねえ。

服従の姿を取ることによって、みんなが平等であるというか、「人間は神の前に平等である」ということを示しているわけだね。

『ムハンマドの幸福論』38 - 39ページ

このムハンマドの神への信仰を前提とした平等思想は、一種の「幸福論」です。宗教史学者の菊地章太《のりたか》・東洋大教授は、一神教がもたらす平等思想について、こう説明しています（菊地，2013）。

全知全能で無限の存在である神の前では、人はちっぽけな存在でしかない。私たちはさまざまな違いに悔しがったり、劣等感を抱いたりするが、私たちを圧倒する者の前には所詮はたいした違いはないことになる。神の隔絶する偉大さの前には、それはあまりに小さな差でしかない。誰も彼も取るに足らない存在でしかない。

ここから平等という観念が生まれてくる。
神さまがたくさんいると、こういう考えは生まれにくい。
神々に差があれば、人間にも差があって当然ということになる。

菊地章太『ユダヤ教　キリスト教　イスラーム』

この考え方は、今日で言う「格差社会」への不満を解消していったことは想像に難くないでしょう。

ただ、信仰の厳格性は、信じない人の立場からすれば、自由の束縛に見える部分があるかもしれません。しかし、信じる立場からすれば、真の幸福に至る道となります。第3章でも採り上げましたが、ヒルティは「神のそば近くにあること」を幸福だと定義しています。

この意味で、ムハンマドが求める神への絶対的な信仰は、イスラム教徒にとっては幸福の要因となっていると考えられます。

興味深いのは、イスラムにおける平等は、「平信徒《ひらしんと》を律する戒律とは別に、聖職者を律する戒律を設ける」という二重構造がないことです。イスラム法は、全てのイスラム教徒に平等に適用され、礼拝、巡礼といった行《ぎょう》も、聖職者に限らず、全ての信徒に共通する義務となっています。

信仰における、こうした厳然とした平等性は、信仰のあり方として他の宗教に比べて特意性を有しています。例えば、仏教では、「仏性」という平等性を認めつつ、菩薩の悟りの五十二段階（「仏教論」シリーズ③『悟りと救い』参照）が説かれるなど、「差別《しゃべつ》即平等、平等即差別」といった見方を有しています（『信仰告白の時代』38ページ）。

イスラム教と民主主義

こうした「平等性」の一方で、イスラムの信仰形態は、非常に厳格なイメージがあります。例えば、大川周明《しゅうめい》などは、次のような説明をしています（大川，2008）。

全ての回教徒はアルラーを信じ、従ってアルラーの意志即ち掟に従わねばならぬ。回教の夥《おびただ》しき掟は、総称してシャルShar又はシャリーアハShariahと呼ばれる。シャルは本来「道」即ち信者の履《ふ》むべき道を意味し、延《ひ》いてアルラーの定めたる律法を総称するに至った。それは恰《あたか》もユダヤ教の律法が、ユダヤ人の宗教的・社会的・家族的生活の全面を規定するが如く、公私一切に於ける回教徒の行動を律するものである。

大川周明『回教概論』

イスラム法は、石打ちの刑やハッド刑（身体刑）など、過酷な刑罰や、女性の権利の制限など、今日《こんにち》の常識からは人権侵害にあたる部分も多く、民主主義に反するように見えることがあります。しかし、本来のムハンマドの思想には、民主主義的な要素もあったとする研究者もいます（富岡，1995）。

神のまえにはすべての人間は平等、という原則を徹底し、マホメットさえその神格化が一切拒否される、というイスラム教に「イスラム民主主義」と呼びうるような要素がすでに存在していることはうたがいえない。

富岡倍雄「歴史の中のオリエンタリズム」

「神の前の平等」において、ムハンマド自身が神格化されていないという事実は、案外、知られていないかもしれません。「神の言葉を聞くことができる預言者ではあるが、神そのものではない」というのがムハンマドの位置づけです。
ムハンマド自身は、『ムハンマドの幸福論』で、次のような説明をしています。

「神の僕《しもべ》であり、一預言者であって、自らは神ではない」ということであり、これは、仏教的に言えば、「仏ではない」という位置づけです。

自らが人間であることを認め、「神の使徒である」という立場だけど、「最後にして最大の預言者」という位置づけでもあり、それは「謙虚さ」と「神の偉大さ」を同時に表していると考えられます。

『ムハンマドの幸福論』44ページ

開祖のムハンマドですら、神の前では人間であるというわけです。イスラムの平等思想の特徴が表れていると思います。

ポイント② 霊言型の宗教

二つ目のポイントは、イスラム教は、「霊言型」の宗教であるという点です。

ムハンマドは、旧約聖書に登場するアブラハム、モーセ、新約聖書のイエス・キリストと同じ預言者です。預言者とは、「神の声を授かる者」です。イスラム教の聖典である『コーラン』は、ムハンマドが口述した神の声を文字に書き起こしたもので、アラビア語で「朗唱《ろうしょう》すべきもの（読まれるもの）」を意味しています（大塚他，2002）。

つまり、アッラーと名乗る神の霊言を集めたものが『コーラン』ということになります。

幸福の科学も、当初は霊言からスタートしています。日蓮をはじめ、空海、天《てん》台智顗《だいちぎ》、イエス・キリスト、モーセ、天照大神《あまてらすおおみかみ》、天御中主神《あめのみなかぬしのかみ》などの諸霊の言葉を降ろし、書籍にまとめて世に問うたところから始まっています（注1）。スタート時点における幸福の科学は、イスラム教とかなり近い形態だったと言えます（その後、大川総裁自身の悟りに基づいた独自の教学を展開している）。

幸福の科学では、『中東で何が起こっているのか』で、イスラム教の4代目カリフ・アリーの霊言を収録していますが、アリーは幸福の科学について、このように述べています。

幸福の科学は、日本の宗教としては、たぶん、最もイスラム教に近づいてくると思います。私は、そう感じています。キリスト教だって、けっこうイスラム教に近いところがある宗教ですが、イスラム教を最も理解する宗教は、おそらく、日本の宗教のなかでは幸福の科学だと思いますし、ある意味では、イスラム教徒から見て、最も理解できる現代宗教の一つが幸福の科学だと思うんですね。

というのも、幸福の科学は「啓示型宗教」であり、霊言から始まっている宗教だからです。このスタイルは、イスラム教徒にとっては非常に分かりやすいのです。

イスラム教も、結局、霊言から始まっている宗教です。要するに、アッラーの啓示を受け、霊言で語り下ろされた言葉が、『コーラン』として遺っているわけであり、イスラム教は、啓示による「霊言型宗教」なんですね。

『中東で何が起こっているのか』127・128ページ

啓示型宗教の出現は、「神の声を直接聞くことができる」という、一種の奇跡現象でもあります。これは大変な福音《ふくいん》ですから、当然、大きな幸福をもたらすことになります。

政治も本来、神の声を聞いて行うものです。社会学者の小熊英二・慶応大教授も、民主主義のそもそもの成り立ちに関して、次のような説明をしています（小熊，2012）。

神の意志をこの世に現すには、聖なる世界と交信するには、どうしたらよいのでしょうか。

一つのやり方は、お祭りであり、「政治」です。その場合、「代表（リプレゼンタティブ）」が集まって行なうのが、代議制です。つまり、民意という目に見えないものを、人間のかたちでこの世に現したのが「代表」です。（中略）そのほかの方法としては、詩人や霊能力者（霊媒＝媒体＝メディア）に、神の意志を降臨させてもらうことがあります。

小熊英二『社会を変えるには』

民主主義全盛の現代では、ややその価値が見失われがちですが、人類の歴史上、神の声を聴くことは、政治（政《まつりごと》）においても、その社会においても、中核に位置していました。イスラムでは、政治・法律と宗教を切り離すことができないのは、「神の意志をこの世に現す」という考え方があるためだということです。

来世を重視する宗教

では、ムハンマドが受け取った「神の声」とは、どのようなものだったのでしょうか。ムハンマドが布教を始めた初期の啓示の内容について、イギリスのイスラム学者ワットが5項目にまとめているので、紹介します。

1．神の力と恩恵——人間、家畜、牧草、果実、その他諸々の自然の成長・成育・変化はすべて神の力による創造の結果である。しかもそのような神の創造行為は皆人間のための恩恵である。当時、メッカの人々の間ではカーバ神殿の主神アッラーの一神教化はすでに進んでおり、このカーバの主の創造神としての働きに宣教の重心が置かれたのである。ちなみに、神の唯一性が強調されてくるのは、メッカの人々との論争の中においてであるという。

2．復活と最後の審判——終末が間近に迫っているということはイスラム教の強力なメッセージであり、ムハンマドが「警告者」として引き出されたのもそのためであった。当時のアラブにとって最も理解し難かったのが、死んでばらばらの骨だけになったものが復活するということであった。

3．神に対する人間の対応としての感謝と礼拝——神の恩恵に対して感謝し、その力を称《たた》えることが人間の義務だとする。

4．施善《せぜん》、特に喜捨《きしゃ》の勧め——神の恩恵に対応する道は感謝だけではなく、弱い人・貧しい人を助け、喜捨などの善行の中でそれを表現することである。

5．ムハンマドの預言者としての使命。

中村廣治郎『イスラム教入門』

なお、イスラム教は、「霊言型宗教」である以上、来世の存在を明確に認めています。『コーラン』にも、「これ、みなの者、この世の生活はただ束《つか》の間の楽しみにすぎぬ。来世こそは不滅の宿」（40章42節）とありますし、日本で最初の『コーラン』の原典訳を刊行したことで知られるイスラム学者の井筒俊彦は、次のように指摘しています。

イスラームの世界観では、死の向こう側、現世の彼方には来世がある。存在世界は現世、来世の二重構造であります。しかも、人間の運命にとって決定的に重要なのは、少なくともメッカ期では、現世ではなく来世です。

井筒俊彦『イスラーム文化』

ただ、来世を重要と考えることが、現世否定になるわけではなく、来世に備えるためにも、現世も重視するのがイスラム教の特徴です。いわば来世志向と現世重視の両立が見られます。

ポイント③ 信仰を守る戦い

三つ目のポイントは、「信仰を守る戦い」です。

先に触れたように、開祖のムハンマド自身が軍事的行動を起こし、戦いに勝利することで、イスラム教の礎《いしずえ》を築いています。イスラム教の好戦的なイメージは、通常、ネガティブに受け止められることが多いと思いますが、今回は、あえて別の側面もあることを指摘しておきたいと思います。

『ムハンマドの幸福論』では、イスラム教が戦争を否定しない理由について、ムハンマドはこう述べています。


「寛容でないものを相手にすると、寛容でいたら負けてしまう」というところもあるのでね。

（イスラム教は）教えとしては寛容であったんだけど、こちらが寛容でいても、向こうが寛容でないと、そういうものに猛攻をかけられ、寛容なほうがあっさり負けてしまうところがあるので、変質することがどうしてもあるわねえ。

『ムハンマドの幸福論』57ページ

宗教は基本的に平和を説くものが多いのですが、戦いを完全に否定してしまうと、現実には滅ぼされることがあるというわけです。

これは歴史的事実として、実際にあります。例えば、仏教では「不殺生戒《ふせっしょうかい》」があるため、人殺しはもちろん、戦争などもってのほかということになります。その結果、釈尊の生まれた釈迦国は、戦うことができずにコーサラ国の侵略によって全滅しています（高下，1973）。

また、1203年には、インドのヴィクラマシラー寺が、イスラム教徒の略奪によって破却されていますが、この時にインド仏教が滅亡したと言われています（平川，1979）。

近年では、元々は独立国家であったチベットが、仏教国ということもあって無抵抗主義を貫いたところ、中国の侵略を受け、中国の自治区に編入されることになりました。チベット出身の政治学者ペマ・ギャルポ氏は、こう述べています（ペマ他，2012）。

当時、チベットは国家としての最小限度の安全保障と治安維持のための軍隊しか保持しておらず、仏教国として平和を祈り、平和を望み、男性の総人口の3割近くが僧侶になっていた。国際社会における一般常識としての国家の安全保障と治安維持および国の財政基盤の確立を軽視したため、他国による侵略を安易に許してしまったのだ。

ペマ・ギャルポ他『日本の国益』

個人における不殺生戒は大切ですが、それが国家レベルで展開すると、国民の生命や安全、自由が失われることになります。幸福論を考える上で、数々の仏教国が滅亡したという歴史的事実は重要な教訓を含んでいます。

また、こうした戦いの遺伝子が入っていることは、イスラム教が滅ぼされることなく、広がっていった理由の一つにもなっています。「平和主義」「宥和《ゆうわ》主義」は宗教の存続にとって大きな課題となるです。

「殺すなかれ」は永遠の真理か

不殺生戒は、第7章でも触れますが、仏教の代表的な戒律です。いわゆる五戒《ごかい》の筆頭に来る「殺すなかれ」の教えについて、大川総裁は、『比較宗教学から観た「幸福の科学」学・入門』で、「永遠の真理とは言えない部分もある」と述べています。

「殺すなかれ」は、いちばん普遍的な教えに見えます。これは、「神仏の教えや法律に反して、人を殺してはならない」ということでしょう。

しかし、刑法から見れば、「正当防衛」というものがあり、急迫不正《きゅうはくふせい》の侵害に対して、相手に反撃を加えてやや過剰防衛になる場合や、相手を死に至らしめる場合もあるわけです。

このように、いろいろと細かく研究されていますので、「『絶対、殺してはいけない』ということ自体が永遠の真理だ」と言うわけにはいかない部分があると思います。あるいは、「悪い独裁国家が他国を侵略する」ということであれば、抵抗権があるのは当然です。

『比較宗教学から観た「幸福の科学」学・入門』150ページ

もっとも、仏教の教えに悪に対する防衛の思想がないわけではありません。

仏教には、釈尊以前にも仏が6人いて、釈尊を合わせて「過去七仏《かこしちぶつ》」と言うことがあります。この過去の諸仏に共通する教えについて、次のように言われています（水野，1972）。

諸悪莫作《しょあくまくさ》　衆善奉行《しゅぜんぶぎょう》　自浄其意《じじょうごい》　是諸仏教《ぜしょぶっきょう》

（もろもろの悪をなすことなく、衆《おお》くの善を奉行実践し、自らその意《こころ》を浄《きよ》くする、ということこの三つのことが諸仏の教えであり、仏教そのものである）

注目したいのは筆頭の「諸悪莫作　衆善奉行」です。要するに、「悪を止《とど》め、善を行う」という教えです。これが仏教の根本です。

要するに、「悪を押しとどめ、善を推し進める」というのが、仏教の基本ですので、悪なるものに対しては、防衛しなければいけません。それがいけないことであるならば、警察も駄目ですし、国連軍でさえあってはならないことになります。このあたりの考え方については、やはり、「世界レベルでの正義の判定」が必要だと、私は思っています。

『比較宗教学から観た「幸福の科学」学・入門』154-155ページ

「悪を止める」教えも、幸福論として大切です。「愛の教えや寛容ばかり説いていると、現実のほうで敗れる恐れがある」（『ムハンマドの幸福論』157ページ）と大川総裁も指摘しています。この意味で、ムハンマドにおける戦争に対する考え方は、ある一面において、隣国の脅威にさらされている日本の「平和主義」に対して示唆するものがあるのではないでしょうか。

（注1）1980年代後半には潮文社で刊行されたが、現在は、『大川隆法霊言全集』（全52巻）に所収されている（非売品）。

ムハンマドの幸福論 3つのポイント

第1のポイント

神の前の平等

国王や大臣から一般庶民まで、差はあるかもしれないが、
唯一の神の前では平等。

第2のポイント

霊言型宗教

アッラーの啓示を受け、語り下ろされたのが『コーラン』。

第3のポイント

信仰を守る戦い

イスラム教が滅ぼされることなく、広がっていった背景にある考え方。

第7章

釈尊はどう幸福を説いたか

――『仏教的幸福論――施論・戒論・生天論――』を読む

『仏教的幸福論―施論・戒論・生天論―』
大川隆法著／幸福の科学出版

幸福論を説いていた仏教

第7章では仏教の幸福論を考えます。大川総裁の『仏教的幸福論―施論《せろん》・戒《かい》論《ろん》・生天論《しょうてんろん》―』の論点に沿って考えていきたいと思いますが、この本は、これまでのような霊言ではなく、大川総裁自身の考えが述べられています。ですから、伝統的な仏教の基本的な考え方も参照しつつ、仏教における「幸福論」の観点から見ていこうと思います。

仏教は、八万四千《はちまんしせん》の法門と言われるほど、多種多様で膨大な教えが遺《のこ》されているため、幸福論として整理するのは至難の作業となります。

しかし、大川総裁は、『仏教的幸福論』で、仏教における幸福論を次のようにまとめました。

仏教には一般に暗く悲しいイメージがつきまとう。しかし、その仏教にも、一種の「幸福論」はある。基本的に「抜苦与楽《ばっくよらく》」が幸福への方法だが、そうした個別的人生相談で相手を苦しみから救済する以外に、一般的大衆布教としての「幸福論」はある。仏陀・釈尊の一般大衆救済の定番説法が今回取り上げる『次第説法《しだいせっぽう》』である。内容的には「施論」「戒論」「生天論」であり、全国各地で布教に旅立った弟子たちも、内容的には見習っていたものと思われる。

『仏教的幸福論』まえがき

釈尊が人生は苦であると説き、この世の名利《みょうり》を否定して、出家生活を送ったため、一般的な印象として、仏教には「幸福」という朗らかで明るいイメージの言葉とは合わないところがあります。

しかし、仏教学者の増谷文雄《ますたにふみお》のように、「(釈尊は)幸福を追求した人であり、釈尊の説いたところは、あきらかに幸福への道であった」（増谷，１９６８）と指摘する仏教学者もいます。増谷はさらに、「心して経典の伝える釈尊の言葉を閲読《えつどく》するものは、結局するところ、そこに説かれているものは、これもまた、よりよき幸福への道であったことを知るであろう」と記しています。

「増一阿含経《ぞういつあごんきょう》」（増谷訳，１９９３）にも、仏陀が「アヌルダよ。世間の福《さいわ》いを求める者、またわたしに過ぎる者はないだろう」と語り、幸福を求めることにおいて自身の右に出る者はいないと述べたと伝えられています（注1）。

大川総裁も『釈迦の本心』で、「仏教は人生の苦しみばかりを説き、苦悩ばかりを見つめたように語られがちですが、実はそうではありません。多くの偉大な哲学者がそうであったように、釈迦もまた幸福哲学を説いていたのです」（１８７ページ）と指摘しています。

では、仏教の「幸福論」はどのように説かれているのでしょうか。

大川総裁は、仏教における幸福論は、「次第説法」のことであると明確な結論を出しています。「次第」とは、相手のレベルに応じて、段階的指導をするといった意味です。

次第説法は、釈尊が悟りを開いて初転法輪《しょてんぼうりん》（注2）をして間もない頃、散歩で出会ったヤサという青年に向かって行ったものが最初で、以後、初心者向きに繰り返し行った定番の説法です。

仏教学者の水野《みずの》弘元《こうげん》は、『釈尊の生涯』で次のように説明しています。

釈尊は、まだ佛教を知らない初歩の者には、まず施、戒、生天の三論を説き、相手が業報《ごっぽう》思想を理解し、因果《いんが》の道理を正しく信ずるようになると、次にいよいよ佛教的な苦集滅道《くじゅうめつどう》の四諦《したい》を説かれるのが普通であった。これを次第説法という。

水野弘元『釈尊の生涯』

ヤサは説法を聴いて、心が清く、素直になって、釈尊に帰依したと伝えられています。

まずは、布施をして功徳を積む

では、「施論、戒論、生天論」の「三論」とはどのような内容でしょうか。『仏教的幸福論』における大川総裁の解説で見ていきましょう。

まず施論です。

「施論」とは、「施しの論」であり、仏教的に言えば、「お布施」ということになります。「『お布施をする』ということは、非常に功徳を積むことなのだ。天界に還《かえ》るための功徳を積むことになるのだ」ということです。

『仏教的幸福論』35ページ

なぜ「施論」が一番はじめに来るのでしょうか。水野弘元は、次のように分析しています。

仏教で布施を勧めることは、人に物や法を与えることが、心の融和をはかり、社会が平和でなごやかになるための最善の方法であるからであります。(中略)布施を契機として、自分の心と相手の心が温かくふれあい、相互の堅い心の障壁が除かれ、かつて経験したことのない親愛や融和の気持が生まれてくるでありましょう。

このようにして、布施の経験を積むに従って、最初は報果《ほうか》を求め、死後の生天を期待して行なっていた布施も、しだいにそのような報酬や期待とは無関係に、施すこと自体に喜びと楽しみが生まれ、布施によって世界が和やかで明るいものとなることが感ぜられ、社会生活は布施なしでは真の意義あるものとなりえないことが知られ、布施行なしではおれなくなるようになるでありましょう。

水野弘元『仏教とはなにか』

なお、布施にはさまざまな種類があります。

最も一般的なものとして、出家修行者、仏教教団、貧窮者《ひんきゅうしゃ》などに、衣食、田宅《でんたく》、財物などの物質的な財を施す「財施《ざいせ》」があります。他の人に物を与えることも愛の行為です（たとえ、貧しくて物を与えることができない場合でも、笑顔を与える「顔施《がんせ》」があります。笑顔を与えることも立派な布施です。顔施によって、世の中が素晴らしくなっていきます）。

また、「法施《ほうせ》」というものがあります。これは精神的でさらに高度な施しだと言えます。心が飢えていて道を求めている者、砂地が水を求めるがごとくに法を求めている者に対して、法を施してあげること、教えを説いてあげること、その悩みに答えてあげることは、最大の布施なのです。

釈迦の時代には、人びとが修行僧に対して物品の布施をしていたのですが、そうした物施《ぶっせ》よりもさらに多くのものを、修行僧たちは人びとに与えていたのです。すなわち、法施という愛行《あいぎょう》によって、感謝、報恩《ほうおん》をなしていたのです。もちろん、在家信者が、まだ信仰の開けていない人に対して教えを説明することも、法施でした。これも布施です。

さらに、「無畏施《むいせ》」があります。悩み、苦しみ、恐怖している人に対して、恐れを取り除いてあげることです。心を安らかにし、人を厄難《やくなん》から救うことです。

以上の、財施、法施、無畏施のことを、「三施《さんせ》」といいます。

『釈迦の本心』112-114ページ

つまり、布施は、在家の修行であるだけでなく、出家も「法施」「無畏施」というかたちで布施行に励んでいたわけです。

「戒」を守ってよい習慣を身につける

二番目は「戒論」です。

戒とは、身心を調整することであり、「修行者個人が主観的な立場で、『これをこういうふうに守りたい』と思っている戒めのこと」を言います（『沈黙の仏陀』85ページ）。さらに、「戒の意味を広くとれば、それは禅定《ぜんじょう》という精神統一を得るために必要なあらゆる身体的、精神的な訓練や習性を指すのであって、これを一口にいえば、身心の調整が戒であります」（水野，１９６５）という見方もあります。

仏教教団では、具体的な戒が幾つも設けられていました。大川総裁の解説は次の通りです。

こうした戒律は何のために与えられるのかと言えば、修行者には地上的な誘惑が多いので、それから身を守るために一定のガイドラインを設けておくということなのです。

「正しい思い」「正しい行ない」と言われても、凡人の頭ではなかなか理解できません。そのため、「少なくとも、こうしたことを守りなさい。この掟は破らないように」といった防波堤として、戒律があったのです。

釈迦は戒律を非常に大切なものと考えましたが、その理由の一つは教育効果という面にあります。ある程度のルールが与えられなければ、修行者たちは毎日の修行において、みずからを律していくことが困難なのです。

持戒波羅蜜多《じかいはらみた》では、主として五つの戒が与えられます。それは「不殺生」「不偸盗《ふちゅうとう》」「不邪婬《ふじゃいん》」「不妄語《ふもうご》」「不飲酒《ふおんじゅ》」の五つです。「殺すなかれ」「盗むなかれ」「姦婬《かんいん》するなかれ」「うそをつくなかれ」「酒に溺《おぼ》れるなかれ。誘惑に溺れるなかれ」と言い換えることもできます。

『釈迦の本心』115-116ページ

なお、在家の「五戒」については、「全部、完全に守らなければいけない」というものではなくて、「守れるものから守る」という緩やかな戒であったようです。ちなみに日本では「戒律」という言い方をすることが多いのですが、「戒」と「律」は意味が異なります。「律」とは「はっきりとした罰則ルール」です（『沈黙の仏陀』85ページ）。

布施をし、戒を守れば、天国に還《かえ》ることができる

三番目は「生天論」です。

「生天」は耳慣れない言葉だと思いますが、「天に生まれる」という意味です。つまり、天国に還《かえ》るということです。施論、戒論と併せて、次のような流れになります。

「お布施をもらいにくる出家修行者たちに、定期的にお布施をし、さらに、五つぐらいの戒律を中心に守って生活をしていったら、生天論、すなわち、天国、天界に還れます。これが最大の幸福ですよ」という、非常に簡易化した教えなのです。

つまり、仏教に帰依することとの最大の幸福は、「これを守っていれば天界に還れる」ということであり、教えとして非常に簡単ではあります。

お布施の功徳を説いて、「お布施をすることは大事ですよ。戒律も守れるものは守りなさい。そうすれば、あなたは天界に還れます」ということを仏が約束してくれているわけですから、それで在家信者が広がっていくのです。

仏教的に、非常に簡単なかたちではありますが、これが、あの世を信じている人たちが、「幸福になれる道」として信じていた生き方です。

『仏教的幸福論』124-125ページ

結局、仏教における幸福論の最大の特徴は、「来世まで続く幸福論」であったということです。

幸福の科学では、この考え方を「この世とあの世を貫く幸福」と表現しています。この世の人生で幸福に見えても、来世、地獄に堕《お》ちて苦しむのであれば、元も子もありません。逆に来世、天国に還ったとしても、この世の人生が貧《ひん》・病《びょう》・争《そう》に満ちていたのであれば、少し悲しいものがあります。

『仏教的幸福論』のあとがきで指摘されているように、釈尊が、「『施論』『戒論』を肝に銘じておれば天界に帰れるのだという約束」をしたことは、極めて大きな意味を持っており、他の幸福論とは、宗教的真理において、雲泥《うんでい》の差があります。

さらに特筆すべきは、仏陀自ら、「生天論」を論理的帰結として導いていたことである。「施論」「戒論」を肝に銘じておれば天界に帰れるのだという約束である。「仏言《ぶつごん》に虚言《きょげん》なし」である。

『仏教的幸福論』あとがき

このように次第説法は、あくまでも初心者向けの教えであり、「四諦・八正道《はっしょうどう》」や「中道《ちゅうどう》」などの教えがさらにその奥にあります。

大川総裁は、経文「目覚めの言葉『次第説法』」（注3）の解説を記した『仏陀の証明』で次のように解説しています。

まず正しい信仰から入っていき、「施論・戒論・生天論」という、段階を追った話をし、次に四諦の話をして、八正道にもっていく――これが釈尊の次第説法のスタイルです。

『仏陀の証明』101ページ

「四諦」とは、苦・集・滅・道のことで、苦しみの現実を正しく認識し、その原因を明らかにし、苦しみがなくなった状態を描き、苦しみを滅する修行を行うといった意味です。そして、八正道とは、「正しく見（正見《しょうけん》）、正しく思い（正思《しょうし》）、正しく語り（正語《しょうご》）、正しく行為し（正業《しょうごう》）、正しく生活をし（正命《しょうみょう》）、正しく精進し（正精進《しょうしょうじん》）、正しく念じ（正念《しょうねん》）、正しく定に入るべし（正定《しょうじょう》）」（『太陽の法』114ページ）です。

論理に飛躍がなく、修行の実践を踏まえた体系性を備えている点に仏教の特徴があり、「段階論的幸福論」を説いていたと言うことができます。

在家向けの説法としては、八正道の大切さまでを説得するスタイルだったということですが、八正道にはそれだけで本が一冊書けるほどの深みがあります（注4）。

仏教理論には、ほかにも「諸行無常《しょぎょうむじょう》」「諸法無我《しょほうむが》」「涅槃寂静《ねはんじゃくじょう》」の三法印《さんぼういん》や、「縁起説《えんぎせつ》」「修道論《しゅどうろん》」などがあり、その奥行きや広がりは一朝一夕に学び尽くせるものではありません。今回、触れたのは、そのアウトラインを入門レベルでなぞっただけであり、詳しい解説は別の機会に譲りたいと思います。

(注1) 仏典には、「比丘《びく》たちよ、いざ遊行《ゆぎょう》せよ。多くの人の利益《りやく》と幸福のために」(『南伝《なんでん》相応部経典《そうおうぶ》』四、五)、「多くの人々の利益と幸福のために、世間を哀れみ、その利益と幸福のために、諸国をめぐりあるくがよい」(『南伝　律蔵大品《りつぞうだいぼん》一』)、「一切の生きとし生けるものは、幸福であれ」(『スッタニパータ』) 等の記述がある。

(注2) 釈尊が鹿野苑《ろくやおん》で行った最初の説法のこと。苦集滅道の四諦の教えを説いたと言われる (水野，1972)。

(注3) 幸福の科学の根本経典『仏説・正心法語《しょうしんほうご》』に所収。

(注4) 大川総裁の著書としては「仏教論」シリーズ『八正道の心』などがある。

仏教の幸福論 「次第説法」の「幸福論」

【施　論】

布施をして功徳を積む

布施は、天国に還るための功徳を積むことになる。

【戒　論】

戒を守って、よい習慣を身につける

地上的な誘惑から身を守るための一定のガイドラインを設ける。

【生天論】

「施論」「戒論」を守れば、天国に還ることができる

来世に続く幸福を明確に説いたのが、
仏教の幸福論の特徴だった。

第8章

「比較幸福学」の基本論点

――「知的生活」と「悟り」という名の幸福

『「比較幸福学」入門』
大川隆法著／幸福の科学出版

「知的生活」という名の幸福

ソクラテス、キリスト、ヒルティ、アラン、孔子、ムハンマド、そして釈尊の幸福論について、それぞれの霊言なども参考にしながら、概観してきました。

本章では、『「比較幸福学」入門』をテキストとして、これら諸聖賢の「幸福論」を比較分析するとともに、幸福の科学教学における幸福論を概観《がいかん》し、全体のまとめとします。

『「比較幸福学」入門』では、知的側面から諸聖賢の「幸福論」を比較分析しています。同書は、『『比較幸福学』を研究しているうちに、ほとんどの人が『知的生活者』であったことに気づいて書かれた」(同書「まえがき」)ものであります。

同書では、ヒルティ、アラン、ラッセル、エピクテトス、マルクス・アウレリウス、カント、ショーペンハウエル、ヘルマン・ヘッセらの「幸福論」について言及されており、その比較分析が述べられています。

「幸福論」を説いている人を歴史的に振り返ってみると、宗教家の幸福論を別にすれば、一般的には、幸福論を説いている人は「知的生活者」が多いのです。「知的生活者として生きている人が、書いた物のなかで幸福論を説いている」ことが多いように思われます。（中略）

幸福論を書いている人たちは、必ずしもそうしたこの世的な意味での指標を満たしているとは限らない人たちではありますが、何らかの知的生活者であり、「精神的な幸福」を中心に求めていた人が多かったのではないかと思います。

『「比較幸福学」入門』14-15ページ

なぜ、こうした「知的生活」が「精神的な幸福」の基底となるのでしょうか。

それは、「知的自己実現」の喜びという高次な「幸福」が得られるからです。

雑然とした情報がたくさんあるなかで、いかに澄み切った心を持って生きていくか。そして、知的な思索を重ねつつ、何らかの〝結晶物〟をつくり、知的生産物として世に問うたり、考え方で世の中に影響を与えたりするようなことができれば、それなりの自己実現として、喜びを持つべきではないかと思います。

『「比較幸福学」入門』113‐114ページ

私は、幸福の科学大学で学生たちに「学問によって、人はもっと創造的になり、もっと自由になることができる」「学問は楽しい」「学問は面白い」ということを積極的に教えていきたいと思っています。「知的探究」を通じて、「知的生産物」を創造していく「幸福」は、神仏の本質であるところの「創造性」に繋がる「幸福」であり、人間にとって最も高尚な幸福の一つであることは間違いありません。

「知的生活者」たちが求めた「精神的幸福」

こうした「知的生活」を通じた「精神的幸福」は、過去、多くの哲学者、宗教家、思想家が求めてきた「幸福」であり、哲学においても、宗教においても、大変重視されてきました。

こうした知的生活には、長い長い伝統があります。西洋的文脈で言えば、ソクラテス以降、ずっとあるわけです。ソクラテスも「愛知者《あいちしゃ》」、知を愛する者であったし、プラトンもアリストテレスもそうでしょう。その他のギリシャの哲学者、ローマの哲学者、あるいは中世の修道院の修行者等もそうでしょうし、近代のいろいろな学者たちにも、そういう人はいたと思います。「そうした知的伝統がある」ということを教えたという意味です。

『「比較幸福学」入門』32-33ページ

自らを「フィロソフォス（愛知者）」と呼んだソクラテスの影響を受け、初めて学問的に「幸福」を論じたとされるアリストテレスは、「観想的生活《かんそうてき》（注1）」によって「知性的徳」を高めることこそが「究極的な幸福」であると述べています（高田訳，1973）。

究極的な幸福が、何らか観想的な活動に存することは、次のことからしても見られるであろう。われわれはいかなるものよりも、神々こそが至福であり幸福であるという考えを有している。（中略）生きているところの神から、『行為する』ことが、いわんや『制作する』ということが取り除かれるならば、そこには観想のはたらき以外何が残るであろうか。してみれば、至福な活動たることにおいて何よりもまさるところの神の活動は、観想的な性格のものでなくてはならない。したがってまた、人間のもろもろの活動のうちでも、やはりもっともこれに近親的なものが、最も幸福な活動だということになる。

アリストテレス『ニコマコス倫理学』

また、こうしたアリストテレスの「観想的幸福」に影響を受けたショーペンハウエル（注2）は「享楽（幸福）」の三段階を説き、第一の享楽として「再生力の享楽」（飲食、消化、休息、睡眠など）、第二の享楽として「刺激感性の享楽」（遊歴《ゆうれき》、跳躍、格闘、舞踊、撃剣《げっけん》、乗馬など）、第三の享楽として「精神的感受性の享楽」（考察、思惟《しい》、鑑賞、詩作、絵画、彫刻、音楽、学習、読書、瞑想、発明、哲学的思索など）に分類し、第三の享楽こそ、最も大きな幸福であるとしています。（橋本訳，2005）

また、『「比較幸福学」入門』の最後に紹介されている『知的生活』を記したイギリスの執筆家ハマトンも、「知的生活の喜びがそんなにも大きいのは、知的労働というものがそれだけ厳しいからです。（中略）神様は彼らを鼓舞するために、ワインの陶酔にもまさる神聖な陶酔感をお与えになったのです」（渡部他訳，1994）と述べ、「知的生活」によって、「神聖な幸福」が得られることを強調しています。

幸福の科学の「幸福論」――「悟り」という名の幸福

こうした「知的生活」という名の幸福は、「精神的幸福」の一つでありますが、さらなる「精神的幸福」の高みとして、幸福の科学教学で説かれるところの「悟り」という名の幸福を挙げることができます。

そもそも、幸福の科学の言っている「幸福」とは「悟り」の別名なのです。『悟りに到る道』には、「私たちが幸福、幸福と言っていることは、実は悟りであり、悟りに付随するものです。『幸福の科学』とは『悟りの科学』の別名でもある」（157ページ）とあります。つまり、幸福の科学教学における「幸福」＝「悟り」なのです。

「悟り」という名の幸福は、「この世とあの世を貫く幸福」を意味します。この世の人生が幸福であるだけでなく、あの世に還《かえ》っても幸福になる生き方、有限の人生を超えた永続的なる「幸福」のことです。

この世的に幸福と言われていることはいろいろありましょうが、それらの多くは、地上を去ったときには持って還ることができないのです。ところが、悟りということを縁《えん》として得られた幸福は、「この世とあの世を貫く幸福」なのです。ゆえに、この幸福こそが最高・最大のものであると言っているのです。

『信仰と愛』119ページ

なお、幸福の科学の「幸福」は、「この世とあの世を貫く幸福」であって、決して、この世的な視点を否定するものではありません。ある程度の合理性も大事にしています。例えば、第4章で採り上げた『アランの語る幸福論』では、大川総裁は、「当会は宗教であるけれども、ある程度、合理性を持っており、『この世的な原因がないかどうか』を、いろいろと追究してはいます」（26ページ）と述べています。

大川総裁の説法のテーマを見れば分かるように、死後の生命や霊界の構造についての神秘的な話をする一方で、仕事能力を上げる方法や企業の経営法、不況対策に必要な政策など、具体的で実際的な話も説いています。神秘性と合理性が融合しているわけですが、ここに幸福の科学の幸福論の特徴があると言えます。

「悟り」とは、人生の目的と使命を知ること

では、幸福の科学で考える「悟り」について、もう少し深く掘り下げてみたいと思います。

「悟り」の定義は非常に難しいものがありますが、『幸福の科学とは何か』では、次のように明快な定義がなされています。

悟りとは、人間が、自分の本質を知り、自分が生きている世界の本質を知り、人生の目的と使命を知ることである。すなわち、「人間とは何か」という根源的なる問いに答えることができ、かつ、「この世界とは何か。宇宙とは何か」という問いに答えることができ、「そのなかで生きている人間の、人生の目的とは何か。また、その使命とは何か」ということを知り尽くすこと、これが悟りである。

『幸福の科学とは何か』80-81ページ

「悟り」とは、「人生の目的と使命を知ること」ということです。では、「人生の目的と使命」とは具体的に何を意味しているのでしょうか。

『人生の王道を語る』には、「人生の目的とは、この地上に魂が生まれ変わることによって、さまざまな学習経験をすること」（156ページ）とあります。また、「人生の使命とは、その魂を輝かし、地上にユートピアを創っていくこと」（156ページ）とあります。

第2章で紹介した『キリストの幸福論』の霊言の収録では、質問者が「幸福とは何か」をイエスに聞いたところ、「私の幸福論は『ない』」（23ページ）と答えるというやりとりがありました。『キリストの幸福論』を読んだ人は驚いたことと思います。しかし、しっかり読み進めていくと、「神の使命に生きる」ことに専念するために、自身の個人的な幸福は求めなかったという趣旨であることが分かってきます。

この「人生の目的と使命」を突き詰めていくと、「神や仏に近づいていく」ということになります。これは第3章のヒルティの言う「神のそば近くあること」という幸福の定義と通じるものがあります。

悟りの三つの前提

では、悟りの前提としては、何があるのでしょうか。主なものとして三つ挙げられます。

一つは「信仰心」です。先ほど、悟りを縁として得られる幸福を「この世とあの世を貫く幸福」と述べました。これは「霊的人生観」であり、その根本には「信仰心」があります。

二つ目は「仏性《ぶっしょう》」です。全ての人に宿っている仏性を信じるかどうか。これが修行の出発点です。仏性とは「仏の性質」であり、「仏の性質」とは、「悟ることができる性質」です（『心の挑戦』48ページ）。非常に深い概念で、これだけで何本も論文が書けるテーマです。自分の中にある「悟ることができる性質」を信じることができなければ、修行する意味がなくなります。また、「人間は罪の子だ」という「原罪意識」を持っていますと、「神に近づくことなどできない」と考えがちになります。これもまた修行したいという菩提心《ぼだいしん》から遠ざかる考え方でしょう。

三つ目は「縁起《えんぎ》の理法《りほう》」です。「原因・結果の法則」のことです。努力すれば報われるという教えです。一部の仏教理論には、「誰でも成仏できる」「誰でも悟ることができる」とする教えがありますが、「修行しなくても悟ることができる」という間違った理解に至ると修行がおろそかになってしまいます。

地上での人生を終えた魂は、修行の進み方によって、霊界で住む世界が違ってきます。尊い菩薩界《ぼさつかい》の世界に住む人もいれば、心境が悪くて地獄界の住人になる人もいます。これは「縁起の理法」の顕現《けんげん》です。ゆえにこそ、悟りの段階を上げていくための魂修行が大事になってくるのです。

悟りの効果――人生がバラ色に輝きはじめる

次に「悟りの効果」を見てみたいと思います。悟りによって、どのような効果があるのかというと、一つは「人生観が根本的に変わる」ということです。

「地上的な目では、善と悪、喜びと悲しみなどのように二元的に捉《とら》えられてきたものの、そのマイナスの部分が、実は、霊性《れいせい》の開発、運命の開拓のための試練の役割を果たしていた」という事実、「本来、人間の成長を阻害し切る存在はない。苦しみや悲しみと言われているものも、結局は、魂を磨くための砥石《といし》にしかすぎない」ということに気づくに至るのです。

この見地に立ったとき、この地上は、ある意味でバラ色に輝きはじめます。このバラ色は、光を含んだバラ色です。すなわち、この地上は、より高度な光を人間に与えてくれるものなのです。

ここで、「悟りには、素晴らしい化学変化を起こさせる力がある」ということに気づくわけです。

『幸福の科学とは何か』82‐83ページ

これは、幸福の科学で言う「人生は一冊の問題集」であるという考え方です。「自身に与えられた苦難や困難は、自らの魂を磨くために解決すべき問題である」と考えることで、人生の見え方が一変します。まさしく、人生に「化学変化」が起きて、人生が根本から変わるわけです。

これはまた、幸福の科学でよく言われる「常勝思考《じょうしょうしこう》」に繋がっていきます。「常勝思考」とは、「成功からも失敗からも教訓を学び取り、人生に真に勝利していくための考え方」（『経営入門』１６５ページ）です。「霊的人生観」を持って、人生は魂修行だと思っていれば、逆境にあっても前向きに生きることができます。障害を持って生まれたり、病気やいじめや事故などで心に傷を負ったりした場合にも、「常勝思考」があれば、必ずや逆境を乗り越えていくことができるのです。

「私的幸福」から「公的幸福」へ

最後に、「悟りの発展」についても論点を整理しておきたいと思います。

「悟りとは、仏のつくられたこの世界の原理を究明しながらも、自ら自身が仏に近づいてゆくということ」(『太陽の法』185ページ)です。これはヒルティの言う「神のそば近くにあること」という幸福に通じるものであります。

この「悟り」は、単に修行をして、自分自身を高めていくだけにとどまるものではありません。『釈迦の本心』には、次のような言葉が記されています。

「苦行のなかに悟りはない。中道《ちゅうどう》のなかにこそ悟りがある」という思想の延長線上には、自分を利する考え、すなわち、「自分を磨き、幸福感を増していく」という考えと、「その幸福感を他の人に広めていく」という考えの両者がありました。「中道」の思想には、こうした「利自即利他《りじそくりた》」の考え方があったのです。

『釈迦の本心』107‐108ページ

釈尊の「中道」の悟りに関する解説ですが、自分の悟りを得るだけでなく、その悟りを他の人々にも広げていこうと考えることが「中道」の思想にはあるということです。これは、「利自即利他」の考え方です。伝統的な仏教では「自利利《じりり》他《た》」と言うことが多いと思います。「利自即利他」は難しい言葉かもしれませんが、「みずからが悟りというものによって与えられた幸福感を、世の中の他の人びとに還元《かんげん》していく」（『釈迦の本心』109ページ）という意味です。

幸福の科学では、「私的幸福から公的幸福へ」という表現も使います。

「私的幸福」というのは、「悟り」という幸福です。しかし、「悟り」というのは他の人々も幸福にしたいという「愛他《あいた》」を伴うものですから、「公的幸福」に繋がっていくことになります。すなわち、「ユートピア建設」に繋がっていくのです。

私的幸福から公的幸福への展開は、悟りという言葉によってつながっていくのです。（中略）

悟りというものは二つの面をともなっています。一つは、個人の喜びという、私的幸福の側面です。もう一つは、「悟れば愛他の思いを出さざるをえない」という宿命があることです。

悟るということは、人間の使命を覚《さと》るということであり、また、みずからの成り立ちとゆくえを知るということでもあります。本来の使命を覚ったとき、人間はじっとしているわけにはいきません。行動せざるをえなくなります。

しかも、その行動は一定の方向性を持っています。それは徹底的善念《ぜんねん》、愛他の方向です。「人を愛さずにはいられない」「人と接して、よき感化を与えずにはいられない」「人に話しかけて、その人の心を豊かにしないではいられない」――これが愛他の思いなのです。

結局、簡単に言うならば、悟りとは「人間の使命の自覚」です。また、それは「自分自身の使命の自覚」でもあります。したがって、当然ながら、それは公的幸福の実現へとつながっていくのです。

『ユートピア創造論』37-38ページ

つまり、悟りを深めていくことによって、「私的幸福」から「公的幸福」へ、そして利他、愛他の思いが強くなっていくというわけです。

これは仏教的には「小乗《しょうじょう》（上求菩提《じょうぐぼだい》）」から「大乗《だいじょう》（下化衆生《げけしゅじょう》）」へという流れに相当します。なお、さらに古くは、古代インドの『マヌ法典（Manusmṛti）』において、幸福を増進させる「活動的行為（pravṛtta）」と、究極の至福をもたらす「静止的行為（nivṛtta）」という、二種類の行為として「幸福論」が論じられています（渡瀬訳，１９９１）。この二つの区分は、プラトンやアリストテレスに発し、ハンナ・アーレントに至る西洋思想における「活動的生活」と「観想《かんそう》的生活」の二つの流れに相当するのではないでしょうか。

幸福の科学教学における「悟り」は、こうした「私的幸福」と「公的幸福」が「段階論（時間論的な順次性）」を持ちつつ、見事に融合を果たしていることに、その特徴があります。

悟りや幸福には段階がある

この「段階論」を、別のかたちで説明すると次のようになります。

まずは、信仰の世界に入っていく段階です。仏教的には「預流《よる》」と言われる段階です。「疑う」段階を超えて、「信じる」決意をした段階です。しかし、入ったばかりですから、信仰で言えば初心者です。第７章で仏教の幸福論を採り上げましたが、初心者向けの仏教の教えは「次第説法」でした。つまり、「施論・戒論・生天論」です。よき心がけで生きていれば天国に還ることができますが、悪い心がけで生きていると地獄に堕ちますよということを学ぶ段階です。

次の段階は、深い精神的修行をしていく段階です。仏教理論で言えば、「八正道」です。正しい手続きに則《のっと》って、反省をしていく「八つの道」です（第7章参照）。

この八正道の反省を通じて修行が進んでくると、「阿羅漢《あらかん》」という境地に達します。阿羅漢の境地とは、「この世的なことで心が揺れず、心がつねに清明で、自らの守護霊と通じあい、他人の気持ちが手にとるようにわかる段階」（『太陽の法』197ページ）です。修行者が目指すべき境地ですが、ここがゴールというわけではなく、さらに上の段階があります。

それは「菩薩」「如来《にょらい》」の境地です。この阿羅漢よりも高い悟りの境地のことを「如心《にょしん》」と言います。「利他の思いと行動」にあふれているような心境です。この段階まで来ると、国の繁栄を実現したり、新たな文明を興したり、大きな宗教を創《つく》ったりするような人たちの世界になります。

このように「悟り」には段階があるということです。すなわち、「精神的幸福」にも幾つかの段階があるわけです。

本当の幸福は「無限界」である

最後に一つ確認しておきたいのは、「悟り」の幸福は「無限界」であるということです。お金や地位、名誉といった、この世的な幸福は一過性の「相対的幸福」であるのに対して、「悟り」に伴う「幸福」は永続的な「絶対的幸福」です。また、自分だけがうれしいというだけでなく、その喜びがどこまでも広がっていくという意味でも「無限界」なのです。

仏《ほとけ》からできた仏の子、それが人間の本質です。その仏の子が仏の子として

幸福の科学教学における幸福論

「悟り」＝《イコール》「幸福」の発展段階

如来　人間として完成した仏と一体の境地。

↑

菩薩　心はいつも謙虚で、どうすれば世の中の役に立てるかが、日々、心に去来する。

↑ 利他の思いと行動

阿羅漢　心が揺れず、守護霊と通じ合い、他人の気持ちが手に取るように分かる。

↑ 「八正道」の修行

預流　信仰の世界に入っていく段階。

↑ 「次第説法」を学ぶ

の喜びを味わうことが、私的幸福です。この喜びを味わうことは無限界です。いくら仏の子としての幸福を味わっても、それで他の人が害されるということはないのです。

さらに、この私的幸福は、必然的に他の人々の幸福を、また社会全体の幸福を、ユートピアを増進していく力にほかなりません。この喜びが全体の喜びとなって、そして社会が幸福感で渦巻くようになっていくのです。

『幸福への道標』102-103ページ

幸福の科学教学における、このような幸福の発展段階を頭に思い描いておくと、本書で紹介したソクラテス、キリスト、ヒルティ、アラン、孔子、ムハンマド、釈尊の幸福論の素晴らしさに対する理解が、さらに深まり、それぞれの位置づけも明確になっていくのではないでしょうか。

すなわち、幸福の科学教学の幸福論は、「知的生活」と「悟り」の幸福という、

「精神的幸福」の比類なき高みを有しており、第1〜7章で見てきた世界の宗教、哲学、思想を包含し、さらには現代および未来の人々を幸福にする最高峰の「幸福学」であると言えるのです。

（注1）感覚や享楽、活動を離れ、理性にしたがって純粋に真理を求める生活のこと。

（注2）大川総裁は、『「比較幸福学」入門』において、「ショーペンハウエルの哲学は『厭世《えんせい》哲学』と言われるように、かなり悲観的なものです。その悲観的な哲学を、仏教的に〝粉飾《ふんしょく》〟している面がそうとうあります。『仏教から来たニヒリズムである』というように粉飾している面があるので、ちょっと騙されやすいのです。彼は仏教の勉強をし、仏教から影響を受けていることは事実なのですが、やや投げやりな面はいろいろと見られます。／ただ、『幸福論』に関しては、彼にしては比較的まともな部分が多いと思います。いろいろな箴言《しんげん》や警句を引用しながら書いているので、意外に役に立つ面も少し入っており、一読ぐらいの価値はあると思います。」（93‐94ページ）と述べている。

あとがき

暗がりで落とし物をしたのに、探しやすい明るい場所ばかり探しても、落とし物は決して見つからない――海外には、こうした譬《たと》え話があります。

アリストテレスの「幸福」に関する考察から諸学が誕生し、哲学から経営学に至るまで、全ての学問は「究極目的」としての「幸福」を目指し、発展してきました。

しかしながら、先ほどの譬え話で言うならば、多くの学問は、精神、魂、霊界、神仏といった実相世界は「暗がり」で見えないからといって排除し、物質や肉体、利便性、功利《こうり》性といった、目に見える「明るい場所」を中心に幸福を探し求めてきたように見えます。

しかし、第8章で見てきた通り、「真実の幸福」は「精神的幸福」の高みの中にあります。それは、「知的生活という名の幸福」であり、また、「悟りという名の幸福」であります。そして、幸福の科学教学こそが、こうした「真なる幸福」へと至る指針であることをお分かりいただけたのではないかと思います。

幸福の科学大学は、「幸福の探究と新文明の創造」という「建学の精神」を掲げ、人類の幸福増進を推《お》し進めるとともに、知的活動の最高峰を目指しています。

本学の開学に向け、多くのみなさまよりご指導、ご協力を賜っておりますことに厚く御礼申し上げます。

本書の出版にあたっては、大川隆法・幸福の科学グループ創始者兼総裁のご指導の下、多くの方のお力添えをいただきましたことに心より感謝申し上げます。

２０１４年９月14日

学校法人幸福の科学学園
理事・幸福の科学大学　人間幸福学部長候補　黒川白雲

参考文献

第1章

大川隆法．(2013)．フロイトの霊言．幸福の科学出版．

———．(2014)．「ユング心理学」を宗教分析する．幸福の科学出版．

———．(2014)．ソクラテスの幸福論．幸福の科学出版．

———．(1990)．幸福の原理．幸福の科学出版．

———．(2004)．幸福の法．幸福の科学出版．

———．(1992)．宗教の挑戦．幸福の科学出版．

———．(1999)．永遠の仏陀．幸福の科学出版．

プラトン．(2005)．ソークラテースの弁明・クリトーン・パイドーン．(田中美知太郎＋池田美恵　訳) 新潮文庫．

中野幸次（1967）．ソクラテス．清水書院．

コーンフォード，F・M．（1995）．ソクラテス以前以後．（山田道夫　訳）．岩波文庫．

共同訳聖書実行委員会．（1995）．新共同訳　新約聖書．日本聖書協会．

プラトン．（1994）．メノン．（藤沢令夫　訳）．岩波文庫．

竹田青嗣．（1993）．自分を知るための哲学入門．ちくま学芸文庫．

第2章
大川隆法．（2014）．キリストの幸福論．幸福の科学出版．

――．（2002）．ダイナマイト思考．幸福の科学出版．

――．（1989）．運命の発見．幸福の科学出版．

――．（2013）．ヤン・フス　ジャンヌ・ダルクの霊言．幸福の科学出版．

――．（2014）．幸福の科学大学創立者の精神を学ぶⅡ（概論）．幸福の科学出版．

――．（2003）．大悟の法．幸福の科学出版．

――――．（１９９６）．幸福への方法．幸福の科学出版．

――――．（２００２）．幸福の原点．幸福の科学出版．

――――．（２００８）．君よ、涙の谷を渡れ。．幸福の科学．

共同訳聖書実行委員会．（１９９５）．新共同訳　新約聖書．日本聖書協会．

ヤング・ブッダ．通巻１０２号：２０１２年６月号．創造的人間の秘密第２回．幸福の科学．

第３章

大川隆法．（２０１４）．ヒルティの語る幸福論．幸福の科学出版．

――――．（２０１４）．「比較幸福学」入門．幸福の科学出版．

――――．（２０１４）．「幸福の心理学」講義．幸福の科学出版．

――――．（１９９０）．ユートピアの原理．幸福の科学出版．

――――．（２００９）．勇気の法．幸福の科学出版．

――――．（２００２）．到彼岸の心．幸福の科学．

ヒルティ．（1961）．幸福論　第一部．（草間平作　訳）．岩波文庫．

ヒルティ．（1965）．幸福論　第三部．（草間平作＋大和邦太郎　訳）．岩波文庫．

山田孝雄編　行安茂他．（1979）．世界の幸福論．大明堂．

エピクテートス．（1958）．人生談義（上）．（鹿野治助　訳）．岩波文庫．

第4章
大川隆法．（2014）．アランの語る幸福論．幸福の科学出版．
――――．（2014）．「比較幸福学」入門．幸福の科学出版．
――――．（2004）．幸福の法．幸福の科学出版．
――――．（2004）．成功の法．幸福の科学出版．
――――．（2014）．人間学の根本問題．幸福の科学出版．
――――．（2014）．「比較幸福学」入門．幸福の科学出版．
――――．（1999）．釈尊からのメッセージ．幸福の科学．

アラン．（2008）．幸福論．（串田孫一＋中村雄二郎　訳）．白水社．

加藤邦宏．（1994）．アラン『幸福論』の読み方．プレジデント社．

デカルト．（2008）．情念論．（谷川多佳子　訳）．岩波文庫．

渡部昇一．（2010）．日本の歴史第5巻明治編　世界史に躍り出た日本．ワック．

ワプショット，ニコラス．（2014）．レーガンとサッチャー．（久保恵美子　訳）新潮選書．

クゥアン，ジョン．（2010）．ホワイトハウスを祈りの家にした大統領リンカーン．小牧者出版．

第5章
大川隆法．（2014）．ソクラテスの幸福論．幸福の科学出版．
――――．（2011）．黄金の法．幸福の科学出版．
――――．（2014）．孔子の幸福論．幸福の科学出版．
――――．（1997）．不動心．幸福の科学出版．

――――.（1996）．人生の王道を語る．幸福の科学出版．

――――.（2011）．教育の法．幸福の科学出版．

――――.（2013）．教育の使命．幸福の科学出版．

――――.（2008）．ユートピア価値革命．幸福の科学．

ヤスパース，カール．（2005）．ワイド版　世界の大思想Ⅲ‐11歴史の起原と目標．（重田英世　訳）河出書房新社．

ヘーゲル．（1994）．歴史哲学講義（上）．（長谷川宏　訳）岩波文庫．

貝塚茂樹訳注．（1973）．論語．中公文庫．

白川静．（1991）．孔子伝．中公文庫．

島薗進．（2008）．宗教学の名著30．ちくま新書．

エリアーデ，ミルチア．（1991）．世界宗教史Ⅱ．（島田裕巳＋柴田史子　訳）．筑摩書房．

渡辺照宏．（1966）．新釈尊伝．大法輪閣．

DIAMONDハーバード・ビジネス・レビュー．第253号：2009年10月号．「論語」

の経営学．ダイヤモンド社．

北尾吉孝．（２０１２）．ビジネスに活かす「論語」．致知出版社．

渡邉美樹．（２００７）．使う！ 論語．知的生き方文庫．

司馬遷．（１９８２）．史記世家（中）．（小川環樹＋今鷹真＋福島吉彦 訳）．岩波文庫．

貝塚茂樹訳．（１９７３）．論語．中公文庫．

ガセット，オルテガ・イ．大衆の反逆．（神吉敬三 訳）．ちくま学芸文庫．

新渡戸稲造．（２００７）．武士道．（矢内原忠雄 訳）．岩波文庫．

本多静六．（２０１３）．人生計画の立て方．実業之日本社文庫．

第６章

大川隆法．（２０１４）．宗教社会学概論．幸福の科学出版．

――――．（２０１４）．ムハンマドの幸福論．幸福の科学出版．

――――．（２０１４）．悟りと救い．幸福の科学出版．

――――．（１９９５）．信仰告白の時代．幸福の科学出版．

――――．（２０１３）．中東で何が起こっているのか．幸福の科学出版．

――――．（２０１４）．比較宗教学から観た「幸福の科学」学・入門．幸福の科学出版．

ゴードン，Ｓ・マシュー．（２００４）．イスラム教．（奥西峻介 訳）．青土社．

岸田秀．（２００２）．一神教vs多神教．朝日文庫．

菊地章太．（２０１３）．ユダヤ教 キリスト教 イスラーム．ちくま新書．

大川周明．（２００８）．回教概論．ちくま学芸文庫．

富岡倍雄．（１９９５）．歴史の中のオリエンタリズム：イスラーム世界の解読 神奈川大学評論叢書 第六巻．お茶の水書房．

大塚和夫＋小杉泰＋小松久男＋東長靖＋羽田正＋山内昌之編．（２００２）．岩波イスラーム辞典．岩波書店．

小熊英二．（２０１２）．社会を変えるには．講談社現代新書．

中村廣治郎．（１９９８）．イスラム教入門．岩波書店．

井筒俊彦．（1991）．イスラーム文化．岩波文庫
高下恵．（1973）．釈迦．百華苑．
平川彰．（1979）．インド仏教史　下巻．春秋社．
ギャルポ，ペマ他．（2012）．日本の国益．幸福の科学出版．
水野弘元．（1972）．仏教要語の基礎知識．春秋社．

第7章

大川隆法．（2014）．仏教的幸福論．幸福の科学出版．
――――．（1997）．釈迦の本心．幸福の科学出版．
――――．（1994）．沈黙の仏陀．幸福の科学出版．
――――．（1995）．仏陀の証明．幸福の科学出版．
――――．（2011）．太陽の法．幸福の科学出版．
増谷文雄．（1968）．仏教とキリスト教の比較研究．筑摩叢書113．

増谷文雄（1993）．阿含経典による仏教の根本聖典．大蔵出版．
水野弘元（1972）．仏教要語の基礎知識．春秋社．
水野弘元（1972）．釈尊の生涯．春秋社．
水野弘元（1965）．仏教とはなにか．教育新潮社．
第8章
大川隆法（2014）．「比較幸福学」入門．幸福の科学出版．
――――（1999）．信仰と愛．幸福の科学出版．
――――（2014）．アランの語る幸福論．幸福の科学出版．
――――（2008）．幸福の科学とは何か．幸福の科学出版．
――――（1996）．人生の王道を語る．幸福の科学出版．
――――（2008）．経営入門．幸福の科学出版．
――――（2014）．キリストの幸福論．幸福の科学出版．

――――．（1994）．心の挑戦．幸福の科学出版．

――――．（2011）．太陽の法．幸福の科学出版．

――――．（1997）．釈迦の本心．幸福の科学出版．

――――．（1997）．ユートピア創造論．幸福の科学出版．

――――．（2000）．幸福への道標．幸福の科学出版．

アリストテレス．（1973）．ニコマコス倫理学（下）．高田三郎　訳．岩波文庫．

ハマトン，P・G．（1994）．P・G・ハマトンの知的生活．（渡部昇一＋下谷和幸　訳）．三笠書房．

渡瀬信之訳．（1991）．マヌ法典．中公文庫．

著者＝ 黒川白雲（くろかわ・はくうん）

1966年生まれ。兵庫県出身。1989年早稲田大学政治経済学部政治学科卒業。同年東京都庁入庁。1991年より幸福の科学に奉職。指導局長、活動推進局長、人事局長等を経て、2014年、東洋大学大学院経済学研究科卒業。現在、学校法人幸福の科学学園理事・幸福の科学大学人間幸福学部長候補。幸福の科学本部講師。著書に『知的幸福整理学』（幸福の科学出版）、『人間幸福学に関する序論的考察』『幸福の科学教祖伝及び初期教団史に関わる史的考察』（人間幸福学叢書）、共著に『国難に備えよ』『日本経済再建宣言』（幸福の科学出版）等がある。

比較幸福学の基本論点

—偉人たちの「幸福論」を学ぶ—

2014年9月23日　初版第1刷

著　者　黒川 白雲
発行者　本地川 瑞祥
発行所　幸福の科学出版株式会社
〒107-0052　東京都港区赤坂2丁目10番14号
TEL（03）5573-7700
http://www.irhpress.co.jp/

印刷・製本　株式会社 堀内印刷所

落丁・乱丁本はおとりかえいたします

ISBN978-4-86395-554-7 C0030

写真 ：© jedi-master-Fotolia.com、© alphabetMN-Fotolia.com、
© Anatolii-Fotolia.com、ROGER_VIOLLET

大川隆法ベストセラーズ・「幸福論」シリーズ

ソクラテスの幸福論

諸学問の基礎と言われる哲学には、「宗教的背景」が隠されている。知を愛し、自らの信念を貫くために毒杯を仰いだ哲学の祖・ソクラテスが語る「幸福論」。

1,500円

キリストの幸福論

失敗、挫折、苦難、困難、病気……。この世的な不幸に打ち克つ本当の幸福とは何か。2000 年の時を超えてイエスが現代人に贈る奇跡のメッセージ！

1,500円

ヒルティの語る幸福論

人生の時間とは、神からの最大の賜りもの。「勤勉に生きること」「習慣の大切さ」を説き、実業家としても活躍した思想家が語る、「幸福論」の真髄。

1,500円

※表示価格は本体価格（税別）です。

大川隆法ベストセラーズ・幸福論を学ぶ

日本神道的幸福論

日本の精神性の源流を探る

「神道は未開の民族宗教だ」というのは、欧米人の誤解だった。古来、日本人の幸福の基礎であった、日本神道の源が明かされる。

1,500円

「比較幸福学」入門

知的生活という名の幸福

ヒルティ、アラン、ラッセル、エピクテトス、マルクス・アウレリウス、カント——知的生活を生きた彼らを比較分析し、「幸福」を探究する。

1,500円

人間学の根本問題

「悟り」を比較分析する

イエスと釈尊の悟りを分析し、比較する。西洋と東洋の宗教文明を融合し、違いを乗り越えて、ユートピアを建設するための方法が論じられる。

1,500円

大川隆法ベストセラーズ・幸福論を学ぶ

幸福学概論

個人の幸福から企業・組織の幸福、そして国家と世界の幸福まで、1700冊を超える著書で説かれた縦横無尽な「幸福論」のエッセンスがこの一冊に！

1,500円

宗教社会学概論
人生と死後の幸福学

「仏教」「キリスト教」「イスラム教」「儒教」「ヒンドゥー教」「ユダヤ教」「日本神道」それぞれの成り立ち、共通項を導きだし、正しい宗教教養を磨く。

1,500円

「幸福の心理学」講義
相対的幸福と絶対的幸福

現在の心理学は、不幸の研究に基づいているが、万人に必要なのは、幸福になれる心理学。「絶対的幸福」を実現させる心理学に踏み込んだ一書。

1,500円

※表示価格は本体価格（税別）です。

大川隆法ベストセラーズ・幸福の科学「大学シリーズ」

「人間幸福学」とは何か

人類の幸福を探究する新学問

「人間の幸福」という観点から、あらゆる学問を再検証し、再構築する——。数千年の未来に向けて開かれていく学問の源流がここにある。

1,500円

幸福の科学大学創立者の精神を学ぶI（概論）

宗教的精神に基づく学問とは何か

財政悪化を招く現在の経済学に、戦後教育の自虐史観。諸学問を再構成し、新しい未来を創造する方法を示す。

1,500円

幸福の科学大学創立者の精神を学ぶII（概論）

普遍的真理への終わりなき探究

学問の本質とは、「知を愛する心」。知識量の増大と専門分化が進む現代において、本質を見抜く、新しい学問とは。

1,500円

大川隆法ベストセラーズ・幸福の科学「大学シリーズ」

究極の国家成長戦略としての「幸福の科学大学の挑戦」

大川隆法vs.木村智重・九鬼一・黒川白雲

世界の人々を幸福にする学問を探究し、人類の未来に貢献する人材を輩出する、大学人の挑戦がはじまった!

1,500円

■ 新しい学問が見える。

知的幸福整理学

「幸福とは何か」を考える

黒川白雲 著

世界的に流行りを見せる「幸福論」を概観し、膨大な「幸福学」を一冊でざっくり整理。最終結論としての幸福の方法論を示す。

1,200円

実戦英語仕事学

木村智重 著

国際社会でリーダー人材になるために欠かせない「実戦英語」の習得法を、幸福の科学学園理事長・木村智重が明かす。

1,200円

※表示価格は本体価格(税別)です。

■ 大学の未来が見える。九鬼一著作

新しき大学とミッション経営

出版不況のなか、２年間で売上５割増、経常利益 2.7 倍を成し遂げた著者が語るミッション経営の極意。経営を成功させるための「心」の使い方を明かす。

1,200 円

幸福の科学大学の目指すもの
ザ・フロンティア・スピリット

既存の大学に対する学生の素朴な疑問、経営成功学部とＭＢＡの違い、学問の奥にある「神の発明」など、学問の常識を新しくする論点が満載。

1,200 円

大学教育における信仰の役割

宗教教育だからこそ、努力を惜しまない有用な人材を育てることができる。著者と４人の学生が、未来を拓く教育について熱く議論を交わした座談会を収録。

1,200 円